JN275643

コミュニタリアン・マルクス

資本主義批判の方向転換

青木孝平

Aoki Kouhei

社会評論社

まえがき

本書のタイトルは、コミュニタリアン（としての）マルクスである。けれどもこのタイトルだけをみて本書の内容を誤解しないでいただきたい。本書はけっしてマルクスの文献学的研究を意図しているわけではないし、ましてや、マルクスは社会哲学的にみて実はコミュニタリアンであったなどと主張したいわけでもない。

われわれとしてもマルクスには厖大な文献学的研究の蓄積があることは心得ているつもりであるし、哲学的研究からみても、かつてのロシア的正統派のドグマに抗して、構造主義やポスト構造主義的マルクス主義、現象学的マルクス主義、さらには分析的マルクス主義といった諸潮流が登場し、もはや唯一の「正しい」マルクス主義など何処にもありはしないことも承知している。もちろん「本物のマルクス」を説く特権など誰にもないことは言うまでもない。したがって本書はカール・マルクス論の研究書ではないし、いわんやマルクス主義の理論書でもありえない。

本書がテーマとしているのは、あくまでも資本主義とりわけ現代資本主義に対する「批判理論（critical theory）」の検討である。一般的に批判理論といえば、フランクフルト学派に始まる資本主義社会の組織や編成の現実を批判的に暴露し、同時に公正な社会の編成のあり方を構想し展望するという、すぐれて歴史的かつ倫理的な課題が想起されるかもしれない。しかし本書ではこのタームをより広義に解釈して、現代資本主義を総体的（total）かつ批判的（critical）に解読することをめざす多様な社会諸理論の総称として用いることにしたい。すなわち本書では、社会の現状に対抗して登場した諸々の社会理論によって、現代の資本主義をどこまで批判的に解剖することが可能なのか。仮に批判が可能であるとするならば、どのようなスタンスが実際に有効であるのかを吟味したいと思う。

そこで第Ⅰ部では、これまでの社会思想史上に聳立するさまざまな資本主義批判の試みを網羅的にとりあげて逐一紹介し検証していくことになる。われわれの整理では、資本主義に対する既存の批判のスタンスは大きく二つに類別することができる。

一つは、客観主義的な歴史の進化理論をうち立てて、資本主義の世界史的な生成・発展のプロセスをたどり、それが最終的に崩壊ないし別の社会体制に移行する必然性を導き出そうとするものである。このタイプには、社会ダーウィニズムに依拠する社会民主主義や史的唯物論にもとづく弁証法的歴史理論、さらに今日では、ゲーム的進化経済学あるいは制度進化理論の一部もこれに加えることができるかもしれない。

もう一つは、普遍主義的な正義の規範理論を想定し、それに照らして資本主義が搾取や支配、不公正や疎外といった社会病理をもたらすことを論証し、これを倫理的に告発してあるべき社会の理念や構想を対置するものである。このタイプには、近代自然法的な社会契約理論そしてマルクス主義の人間疎外論や剰余価値搾取論、さらに今日では、ロールズ以来の現代の主流派倫理学であるリベラリズムの正義論、またその左翼ヴァージョンである分析的マルクス主義の規範理論などが該当するといってよいかもしれない。

本書ではこの二つの「批判理論」の流れを概括して、それらのいずれの理論も、いまや完全に世界を制覇したかにみえるグローバル資本主義に対してまったく無力であり、もはやいかなる批判的分析能力も持ちえないことを確認することになる。すなわち現代の資本主義は、社会に内在的な進歩ないし進化の法則（evolutionalism）によってそれに代わるべき未来の社会を予測することはできないし、普遍的な自由・平等の権利ないし正義（right）によっては資本主義市場経済が構造的に生みだす正当化イデオロギーを超えることはできない。これが第Ⅰ部の暫定的な結論となるはずである。

第Ⅱ部では、こうした反省をふまえ、よりポジティヴに「可能なる資本主義批判」の構想を提起することを試みる。今日の状況を鑑みるとき、経済主義的な進歩史観の影響力が大幅に衰退し、「批判理論」の主潮流は、リベラルやリバタリアンそして分析的マルクス主義に代表される倫理的規範理論へとシフトしているように思われる。いまや資本主義批判の主たるアリーナは規範理論の領域に移っている。それゆえ資本主義に対する可能なる批判は、従来の規範理論的「批判」のメタ批判として遂行されねばならないことになろう。

こうして第Ⅱ部では、二〇世紀末に主流派規範理論であるリベラリズムを批判して登場したコミュニタリアニズムを、資本主義の「批判理論」として検討することになる。

ここではまず、サンデルによるリベラリズムの「負荷なき自我」の批判、マッキンタイアによる地域的コミュニティの擁護、テイラーによる言語的公共圏の構想、ウォルツァーによる複合的配分の理論など現代コミュニタリアニズムの多様な主張が検討に付される。それらはいずれも、現代のグローバリゼーションが生み出した市場的個人主義に対する批判であり、ラディカルな資本主義批判としての意義をもつものとみてよいだろう。本書ではこうした現代コミュニタリアニズムの成果を高く評価しつつも、同時にそれらがもつアングロサクソン的文脈の限界を見て取っていくことになる。

このような迂回をへて、われわれはようやくカール・マルクスに到達することができる。われわれはマルクスの中に、現代コミュニタリアニズムの源流であり、かつ、より広いパースペクティヴをもった資本主義批判を読み取りたいと思う。それは、サンデルとともにリベラリズムの超越的主体を批判し、テイラーとともに関係主義的な公共圏を構想し、ウォルツァーとともに財＝善の意味に即した複合的配分を追求し、そしてなによりマッキンタイアと同じく資本主義への批判を「歴史的必然」や「正義の理念」といった近代的啓蒙に訴えるのではなく、あくまでも資本主義の特異性に認識の拠点を置いて、多層的で多元的なコミュニティのあり方を模索していく視点である。

繰り返しになるが本書は「正しい」「本物のマルクス」を争うものではない。むしろ現代資本主義に対する可能なる批判のトゥールとして、マルクスを「異化」し「改釈」し「読み替える」試みである。われわれはマルクスをあくまでも戦略的に「利用」して、現代の資本主義により有効に対峙しうる批判理論を構築したいと思う。

以上のような試みによって、ようやくマルクスを、ソーシャリズムやコミュニズムそしていわゆる左翼の教祖の地位から解放してやれるのではないだろうか。その意味で本書は、マルクスから内在的進化の弁証法を消し去り、普遍的正義の追求を取り除いたとき、いったいそこに何が残るかという一つの思考実験でもある。これまでに無数に存在するマルクス関連の書物の中で、おそらく本書が、マルクスを、マルクス主義の教養から最も遠く隔たった場所に移送することができるのではないかとひそかに自負している。

このようないささか常識を逸脱した資本主義批判の試みが、何がしかでも読者の腑に落ちる点があればこれにまさる幸せはない。慧眼なる読者の御判断を仰ぐしだいである。

コミュニタリアン・マルクス●目次

第Ⅱ部●資本主義批判の方向転換

第Ⅰ部●現代資本主義の批判は可能か？

はじめに

これまでの社会科学と呼ばれる学問は、おしなべて現在の社会すなわち資本主義の「科学的」解明を最終課題としてきたといってよいだろう。

もちろん「科学的」という形容は、一般的な用語法からみても実証的な検証可能性や演繹と帰納による体系性など多様な意味合いを含んでいる。二〇世紀のある時期においては、ロシア型のマルクス主義が「科学」を独占し、科学の階級性や党派性を声高に主張したことがあった。これに対して、たとえばわが国の宇野弘蔵が控えめに提起した論理整合性と対象の方法的模写、当為の排除をメルクマールとする社会科学の定義は、一定の反時代的意義をもっていたといえるかもしれない。宇野の「科学」観は、加藤正や加古祐二郎における素朴な自然科学的合理主義への信仰[★1]とともに、過剰にイデオロギー的なマルクス主義の科学観に冷水を浴びせるものであった。それは文字どおり「社会科学」に客観性を回復させ、資本主義の価値中立的な分析をもって「何人にも理解し得る」資本主義批判を試みる企てであったといってもよいだろう。

しかしながら現代の社会哲学の研究は、これまでの常識的な「科学」観を完膚なきまでに打ち砕いてしまった。今日の知見からみれば、ロシアのマルクス主義も宇野弘蔵の資本主義分析も、ともに社会の認識における普遍的真理を追求するという古典的な「科学」観を共有していたことは否めない。L・ヴィトゲンシュタインに始まるウィーン学派の論理実証主義やそれにつらなる

K・R・ポパーの批判的合理主義は、科学の反証可能性による可謬主義を認め、さらにN・R・ハンソンによる観察の理論負荷性やT・S・クーンのパラダイム論、P・ファイヤアーベントによる科学的合理主義の規範性といった現代科学哲学の成果[★2]は、検証可能で負荷のない規範中立的な科学といったこれまで誰もが認めた「科学」のイメージを完全に否定してしまったのである。それは唯一の普遍的真理という大きな物語を追い求める「科学」に最後的に終止符を打つものであった。

いまやいかなる学派に属するものであろうと、とりわけ社会理論において資本主義を科学的に把握しようと試みるためには、分析主体としての自己が対象としての社会に規範的に内属するという、いわば間主観的な文脈による「解釈学」的認識が不可欠となった。少なくとも自己を含む対象にたいする総体的で批判的な規範的スタンスを保持しないかぎり、社会科学＝社会哲学ではありえない。

こうした内省を欠いた社会科学、とりわけ規範理論の欠落した近年のマルクス主義の社会分析は現状肯定の官庁エコノミクスと見紛うまでに落ちぶれ、数多の批判理論は現代資本主義の強靭さの前に木っ端微塵に潰えてしまったかにみえる。もはや資本主義に対して批判的に向き合う理論的スタンスは取り得ないのであろうか。

そこでまず第I部では、これまでの社会科学における資本主義へのさまざまな「批判」スタンスを紹介し多角的に検討することを通じて、これまでのあらゆる「科学」的な、それゆえ歴史の進化法則や正義の規範理論といった普遍主義的科学の視点を掲げた資本主義批判が、なぜ無残に失敗していったのかを検証することにしたい。

ここでは最初に、資本主義の歴史理論的批判として、社会ダーウィニズムや弁証法的歴史観さらに原理論から現状分析にいたるマルクス経済学の歴史理論を採りあげる。次に、資本主義の規範理論的批判として、古典的自然法から現代リベラリズムさらにマルクスの疎外論から搾取論、支配・従属論およびこれを現代的に再編した分析的マルクス主義の規範理論などを検討の対象とすることになる。

1●歴史理論による資本主義批判

【1】社会ダーウィニズムによる批判

まず、最もオーソドックスな社会の認識すなわち批判理論の方法から検討しよう。

第一の資本主義認識のタイプは、資本自身の歴史によって資本主義の批判を語らしめるものである。すなわち資本主義社会を生物生命体に模して生成・発展・衰退ないし死滅する一つの有機体として捉え、その歴史過程を理論的にトレースする客観主義的批判であるといえよう。このような社会認識は、古くは一七世紀のA・R・テュルゴーやM・コンドルセの啓蒙主義に始まる。それは人類における無限なる能力の発展を確信し、とりわけ近代自然科学の進歩が人間を啓発し、社会は万人の平等という共通善に向かってひたすら進歩していくというきわめてオプティミスティックな歴史観であった。

こうした社会観は一九世紀には、O・コントからH・スペンサーにいたる社会有機体説として完成を見る。それらは当時隆盛をきわめたCh・ダーウィンの生物進化論に倣い、社会を生物有機体とのアナロジーにおいて捉え、歴史社会を超有機体であるとみなすものであった。すなわち社会と社会の成員の関係を生物有機体と細胞の関係になぞらえるものであり、ダーウィンの進化論を社会の進化に適用することで、社会の歴史理論から合目的論的発展論を排除する。そして、社会の進歩への確信を、個人の理性からではなく種としての人類の成長と適応の法則によって基礎づけようとするものであった。いいかえれば生物界における生存競争と自然淘汰による最適者の生存という原理をそのまま人間社会に当てはめて、諸個人間ないしは諸集団間の競争によって最適社会の形成を説く社会進化論であるといえよう。そこでは生物体における細胞分裂からの類推において、個人の役割の複雑化が社会の機能分化の過程として理解される。これが神学的段階・形而上学的段階・実証的段階という人間の知識の進化過程であり、それに対応して社会は軍事的段階・法律的段階・産業的段階へと発展することになる。

こうしてスペンサーの社会学（sociology）では、諸個人の社会的機能が相互に均衡を保つ人間の完全な幸福状態の分析が「社会静学」と名づけられ、これに対して、社会を歴史の必然的な進化法則として理解する「社会動学」が樹立されることになった。いわゆる社会ダーウィニズムの誕生である。★3

さて、こうした社会ダーウィニズムは、一面において、折からの帝国主義という社会環境の中でT・H・ハックスレーやB・キッドに見られるように、優秀な民族による劣悪な民族にたいする支配を正当化する人種差別や民族抑圧の根拠づけとして利用されていった。ナチズムにみられるアーリア人によるユダヤ人虐殺を合理化する論拠もまた、社会ダーウィニズムにその責任の一端があったといえるかもしれない。じじつH・W・コッホは、「社会ダーウィニズムは、階級、民族、人種であれ、経済的利害集団であれ、何らかの利害のために無慈悲で非妥協的な闘争を説くあらゆる人々の効果的な道具となった」[★4]とさえ述べているのである。

だが社会ダーウィニズムはどこまでも両義的である。この理論の進化的で闘争的な性格は、帝国主義を正当化する膨張主義的イデオロギーでありうるとともに、他面において、社会批判的で改革的な社会理論とも結びつくことを忘れてはならない。これを代表するのが、一九世紀末のドイツにおける社会民主主義の潮流[★5]であった。

一八七三年、K・マルクスはダーウィンにドイツ語版第二版の『資本論』を贈呈しており、そこには「チャールズ・ダーウィンの真なる賛美者、カール・マルクス」という署名が記されている。当時マルクスは、ダーウィンの『種の起源』における自然淘汰の理論を、一方で、資本主義的な競争を反映するブルジョア・イデオロギーとして冷静に批判すると同時に、他方で、それが科学から超自然的な目的論を排除し階級闘争による社会の進化を証明するものとして高く評価していたといわれている。

またF・エンゲルスは論文「猿の人間への進化における労働の役割」のなかで、自然淘汰による最適者の生き残りというダーウィン理論から人類史における労働による技術の継承というマルクス理論への発展を論じ、ダーウィンの進化論とマルクスの労働論との統合を企てたといわれる。じっさい一八八三年のマルクスの死去に際してエンゲルスは、その葬送の言葉において、「ダーウィンが生物界における進化の法則を発見したのと同様に、マルクスは人類史における進化の法則を発見した」と述べて、ダーウィンに最大級の賛辞を贈っているのである。

そしてエンゲルスは翌一八八四年の『家族・私有財産・国家の起源』の第一版序文において、有名な歴史の発展にかんするテーゼを述べることになる。

「唯物論的な見解によれば、歴史における究極的な規定要因は、直接的生命の生産および再生産である。これは、しかしながら、それ自身二重の性格をもっている。一方では生活手段の生産、すなわち衣食住の諸対象とそれに必要な道具の生産であり、他方では人間そのものの生産、すなわち種の繁殖がこれである。ある特定の歴史的時期の、特定の地域の人間がそのもとで生活する諸制度は、二種類の生産によって制約される。一方では労働の発展段階によってであり、他方では家族の発展段階によってである。」★6

その後に広範な論争をひき起こしたこのテーゼは、明らかにエンゲルスが、ダーウィンの生物進化論とマルクスの唯物史観の統合を意図していたことを示していよう。

これを受けて例えばE・ベルンシュタインは、ダーウィニズムに含まれる自然淘汰による進化の思想は唯物史観と結合しうるとして、自らの歴史観を「有機的進化主義（Organischer Evolutionisumus）」と命名した。★7 そしてその主著『社会主義の諸前提と社会民主主義の課題』において、社会主義は資本主義の全面的崩壊の結果ではなく、資本主義の有機的進化の法則にもとづく社会的富の増大や科学の発展、労働者の知的・道徳的成熟によって漸次的に成立すると主張することになる。あるいはまたK・カウツキーやその歴史観を継承したG・W・プレハーノフは、唯物史観において「労働の発展」と「種の繁殖」は並列的に置かれているのではなく、原始社会では生物学的な自然淘汰の法則が先行し、これが私有財産の発生とともに物質的生産に発展するという。すなわちエンゲルス・テーゼを、血縁や種族の紐帯から労働による経済的紐帯への移行を基礎づけるものとして発展段階的に解釈し、なんとかダーウィンとマルクスの共存を図ろうとしたのである。★8

このように社会ダーウィニズムは、生物の進化と人類社会の進化を類推あるいは接合し、歴史の進歩の法則なるものを無批判的に信仰するものであった。それはファシズムであれ社会主義であれ、資本主義社会の進化の行き着く先にその後のばら色の将来社会への発展を予想し展望する点で、きわめてオプティミスティックな資本主義批判であったといってよいだろう。

もっとも、二〇世紀の後半に入ると、生物の進化を種ではなく個体とりわけ遺伝子のレベルで捉えるネオ・ダーウィニズムが台頭してくる。

E・O・ウィルソンらは、これを社会進化論に応用していわゆる「社会生物学」を確立することになる。ウィルソンは社会進化のプロセスを、遺伝子レベルにおける自己犠牲的な利他心から互恵的な利他心への転換過程として捉え、この過程をつうじて人間は円滑な社会生活を営む協調性を身につけて資本主義的なエゴイズムを克服していくことを展望した。こうした進化の理解は、現在のゲーム理論的進化論の潮流に受け継がれていくといってよいだろう。たとえばメイナード＝スミスが提唱する「進化的に安定した戦略（evolutionary stable strategy）」理論では、社会の前提に利己的な個人を想定し、それが互いに不利益を被らず共倒れにならない戦略をとった場合、個々人の適応行為はどのような進化を遂げ、誰もが結果的に満足できる「ナッシュ均衡」に到達するかという考察がなされる。[★9] それはたしかに人間の協調社会にいたる可能性を説いているが、あくまでも利己的な利益追求という形質的特性のための効率的な手段ないし道具以上のものではない。

これに対して、S・グールドらは、人間社会を遺伝子の特性一般に解消する社会生物学の差別主義的性格を批判して、平等や人権といった規範の根拠を人間の脳の構造的特性に求める。そして社会進化のプロセスについては、社会は一定の期間に大きな「ゆらぎ」を生じさせつつ、それがその後の安定状態の枠組みを決定するという「断続平衡説」を対置することになる。この潮流は現在の制度派的進化論の潮流へと継承されたとみなしてよいだろう。すなわち社会の進化の根拠を、ゲーム理論的な個人の行為ではなくむしろ個々人の行為の総和としての慣習や制度の変遷に求め、制度的なゆらぎに対する適応が制度そのものの新たな進化をつくりだす[★10]と説くことになる。それは資本主義に代わりうる「新たな制度」をダイナミックに提示する可能性を含んでいるといってよいかもしれない。

これらはなるほど古典的・社会ダーウィニズム的な「進歩史観」を否定したといってもよいが、やはり人間社会の「進歩」ならぬ進化の方向性をある種の必然性として説くものであった。そしてその進化の根拠が最終的に生物学的な「総合的進化」によって基礎づけられている点において、いまだ自然科学モデルの「科学主義」を超えていない。それゆえ、それらが仮に資本主義を超克する可能性を説いたにしても、いまだ広義の歴史進化論という大枠内にとどまっていたといえよう。

【2】弁証法史観による批判

さて、一般に歴史理論といえば、何といっても、ヘーゲルの弁証法にヒントを得て社会の内在的矛盾による自己発展を説いたマルクスの唯物史観が想起される。それは同時に、資本主義を人類史における最後の階級社会とみなし、その生成・発展・死滅の歴史的必然性を説く資本主義批判でもあった。

がんらい弁証法とは、古代ギリシャにおいて世界を運動の相として捉えたヘラクレイトスとその矛盾を指摘したゼノンとの、問答あるいは対話の技術（dialektikē technē）に由来するといわれる。そしてプラトンはこの問答術を、理性の最高原理である善のイデアに到達するための法則の学として定立した。その後アリストテレスにおいて弁証法は、分析法、詭弁法とともに論理学の下位的な構成区分に貶められ、矛盾律に背馳するものとして否定的に評価されるが、ルネサンス期には、J・ブルーノやP・ラムスらによって無限な世界の成長と衰滅を説く原因を解明したトータルな論理学として再評価される。そして近代に入って、弁証法はJ・G・フィヒテおよびF・J・シェリングによって、相矛盾するThese（正）とAntithese（反）からこれを高次に統一するSynthese（合）を導き出す思考のトリアーデとして定式化されたのは周知のことであろう。

さてG・W・F・ヘーゲルにおいては、これまでの弁証法のもつ形式的な図式性が批判され、あらゆる運動と生動性の源泉が「矛盾（Widerspruch）」そのものに求められる。いっさいの論理的なものは、抽象的・悟性的側面から弁証法的・否定的理性の側面をへて思弁的・肯定的理性の側面にいたる「思考ないし認識の原理」をもつものとされるのである。そしてまた矛盾が悟性の制限を否定し超出することは認識のみにとどまらず、まさに現実世界における運動・生命・活動の本性つまり「存在の原理」でもある。ヘーゲルはこうした思考と存在の同一性を「概念（Idee）」と呼び、その自己展開をもって現前する世界に実在性を与える歴史を語らしめることになったのである。

これに対してマルクスは、ヘーゲルが歴史の全体を運動・変化・発展するものとして提示した功績を高く評価しつつも、先験的に自存するものは概念ではなく現実の社会関係そのものとしての「質料（Materie）」であると反駁する点で、質料主義すなわち唯物論であったといわれる。しかしながらマルクスもまた実体としての社会の内部になんらかの矛盾の契機を認め、これを動力として量から質への転化や対立物の相互浸透、そして否定の否定などといった必然的歴史法則を振りかざす限りにおいては、ヘーゲルに引けをとらない。マルクスとエンゲルスにおいても弁証法は「外的世界と人間の思考の一般的な運動諸法則にかんする学」として理解される。それゆえマルクスの資本主義批判にはやはり、広義の社会ダーウィニズムすなわち進歩主義的な歴史観が色濃い影を落としているといえる。そしてそれゆえマルクスの唯物史観は、思考の原理と歴史そのものの発展を弁証法的に統一するロシア型のマルクス主義をも産み落とすことになったのである。

じっさいマルクス『資本論』の商品論における価値と使用価値の矛盾はヘーゲル『論理学』の有論における有と無の関係からヒントを得たものであり、商品から貨幣が発生し資本へと転化する論理は有論の質・量・尺度の発展過程からアナロジャイズされているとされる。そしてまた、生産力の歴史的発展段階に照応する生産関係としての資本主義の生成・発展・変容という認識は、同書の概念論とその移行・反省・展開の論理を唯物論的に改作したものといわれているのである。★11

もちろんよく知られているように、マルクスにおける価値実体と価値形態、生産力と生産関係、あるいはエンゲルスにおける社会的生産と私的所有の矛盾などというジャーゴンについては、それらのタームの意味や相互の異同をめぐって予てより厖大な論争がある。しかし今さら、こうしたジャーゴンをヘーゲルの弁証法論理に即して教義学的に解釈してみても、あるいはマルクスのテクスト・クリティークを蒸し返してみても、あまり生産的な意義があるとは思えない。そうした試みが、現代の社会科学から更なるマルクス離れを加速する以上の結果をもたらさないことは自明である。それゆえここで必要最小限触れておくべき問題は、マルクスの『資本論第一巻』が資本主義的蓄積による生産力の最終的発展のあとに弁証法的必然性をもって社会主義の到来を予見していたことだけでよいだろう。マルクスはいう、

「資本主義的生産そのものの内在的諸法則の作用によって、諸資本の集中によって……一人の資本家が多くの資本家を打ち倒す。この集中、すなわち少数の資本家による多数の資本家の収奪と手を携えて、ますます大規模での労働過程の協業的形態、科学技術の意識的応用、土地の計画的利用、労働手段の共同の使用、結合的社会的労働によるすべての生産手段の節約、世界市場への各国民の組みいれが進展する。この転化過程が進むにつれて、貧困、抑圧、隷属、堕落、搾取はますます増大するが、同時に訓練され結合され組織される労働者階級の反抗もまた

増大していく。資本独占は、そのもとで開花したこの生産様式の桎梏となる。生産手段の集中も労働の社会化も、それがその資本主義的な外皮とは調和できなくなる一点に達する。そこで外皮は爆破される。資本主義的私有の最期を告げる鐘が鳴る。収奪者が収奪される。[★12]」

それはなるほど、社会的生産と私的所有の、あるいは生産力と生産関係の矛盾という弁証法によって資本主義の終末と社会主義への移行の必然性を論証しているようにみえる。だがもちろん、マルクスの存命中に歴史はそのように発展しなかった。資本主義の最期の鐘は鳴らなかったことは言うまでもない。それどころかマルクス没後の一九世紀末には、資本主義の歴史はマルクス自身が予想もしなかった帝国主義という新たな段階を迎えるにいたったのである。

それゆえこうした弁証法的歴史理論による資本主義批判は、後代の経済理論家によって若干の修正を施されてされて受け継がれ発展させられることとなった[★13]。

たとえばR・ヒルファディングの『金融資本論』は、『資本論』の再生産表式の直線的な延長上に競争による資本構成の高度化と利潤率の低落を導き出し、固定資本の増投から資本の集中と集積さらには株式資本による結合と独占体の形成の必然性を説いた。そこでは銀行は、利潤率の低落を克服すべく資本信用とりわけ固定資本貸付を大規模化し、産業資本に貸付けられた貨幣資本の流動化によって創業者利得の獲得を図る。こうして銀行は自らのイニシアティヴのもとに産業への支配を展開する。この産業資本に転化されている銀行資本が金融資本であり、そのもとに全産業は総カルテルのかたちで統合される。それゆえ金融資本は社会的物質代謝を意識的に規制し、資本の無政府的性格という矛盾は解決される。いまや資本という形式は剥ぎとられて社会経済は組織資本主義すなわち社会主義へと止揚されることになる。

そしてまたV・I・レーニンの『帝国主義論』は、生産力の発展による資本の集中・集積が独占を生み出し、銀行資本と産業資本の融合によって金融寡頭制が誕生するという。この金融独占体は巨額の蓄積と農業の衰退、大衆の貧困から過剰資本を生じさせ、これによって資本そのものの輸出が不可避となり、資本家の国際的独占団体が形成され、その世界分割が帝国主義列強による地球の領土的支配すなわち帝国主義戦争にいたると予見されていた。すなわち一九世紀末の帝国主義は、マルクスの発見した資本主義の基本的矛盾の直接的発展したがって死滅しつつある資本主義であり、資本主義はその最高の発展段階において破綻し終末を迎え、自らの内在的対立物つまり社会主義に弁証法的に転化するというわけである。こうしてマルクス＝レーニン主義のドグマが確立されたのである。

【3】マルクス経済学による批判

もちろんこうした社会進化論や弁証法理論にもとづく資本主義の生成・発展・死滅の法則化に対しては、多くの有力な批判があったことは夙に知られるところである。

たとえばわが国の宇野学派による批判はその代表的なものであろう。世界に数多あるマルクス理論のなかで、宇野理論と呼ばれる学派は際だって特異な位置を占めてきたといってよい。それは、『資本論』からイデオロギー的言説を徹底的に排除して、首尾一貫した純粋資本主義論としての原理論を構築することを標榜してきた。そこでは『資本論』はあたかも永遠に繰り返す循環の論理とみなされ、これと資本主義の歴史的発展を画する段階論とが明確に区別された。段階論は資本の蓄積様式と国家の経済政策の関連を類型的に整理したものであり、この両者を公準にして現実の経済社会を実証的・価値中立的・客観的に分析することがこの学派の最終的課題とされたのである。

彼らは、そうした分析方法こそが、宇野弘蔵の説いた「科学とイデオロギーの分離」であり、それゆえまた「理論と歴史の分離」に忠実なものであると信じて疑わなかった。そして結果的に現代の科学哲学や論理分析の成果をまったく省みることなく、唯々その三段階論が宇野のいう「何人にも理解し得る」没規範的・没価値的な論証性を持つことをもって、「科学」の証としたと言ってよいだろう。

そのかぎりでは宇野理論は、資本自身の歴史によって資本主義の批判を語らしめる「歴史理論的批判」には該当しないようにみえるかもしれない。

しかしながらどうであろう。それならそうした宇野理論が何故いわゆるブルジョア経済学ではなく、あくまでもポリティカル・エコノミーすなわちマルクス経済学であると言いうるのであろうか。いいかえれば、それが資本主義システムに対する批判的分析であると主張しうる根拠は何処にあるのであろうか。おそらく宇野学派の模範的解答では、その提唱する三段階論によって、マルクスの唯物史観を前提とするのではなく逆に論証することが可能となったのであり、現代資本主義の内的な発展の延長に新たな社会システム、すなわち社会主義を展望しうる根拠を科学的・客観的に確定しえたからだということになるのだろう。

じっさい宇野学派は、世界史的有機体としての資本主義の生成・発展・変容を原理論に読み込む世界資本主義論はいうにおよばず、国家独占資本主義論やその後塵を拝む福祉国家論においても、そして近年流行している国民国家を超えるグローバル・エコノミー論においても、いずれも、現代資本主義の現状分析をつうじて資本主義の進化の歴史的方向とその超克の可能性を導き出そうとしているといえるかもしれない。仮にそれが「歴史の発展法則」や「歴史の必然性」といった安直なタームにどれほど禁欲的であったとしても、宇野学派の資本主義分析は、やはり過去から未来へと流れるひとつの歴史理論として構想されているのであり、現在の経済構造の分析をつうじて将来の社会への発展を予測する「科学」的歴史観たらんことを目指してきたといえるのである。

(1) 原理論

このことを宇野学派の方法論的ドクサにやや立ち入って検証しておこう。まず原理論における歴史的ロジックの混入が問題であろう。

たとえば宇野学派の多くの経済学者がその最良の成果として誇示する価値形態論は、商品に内在する価値と使用価値の矛盾によって形態の弁証法的発展を説くものではなかったか。また商品所有者の欲望の発展を動力とした価値形態の展開なるものが貨幣という対立物の発生論だったのではないのか。一般に宇野原理論は、正統マルクス主義の論理＝歴史説を否定した純粋論理説であるといわれる。しかし運動の経過を論理に取り込まない弁証法などそもそもあり得るだろうか。

先にみたようにヘーゲル的弁証法とはアリストテレス以来の矛盾律を否定し、あくまでも事物の内的矛盾そのものから事物の発展・移行を導き出そうとする、いわば歴史的時間を理論化する方法論であった。K・R・ポパーがいうように、弁証法論理は例えば宇野の「経済原則」に示されるような普遍妥当性をもつ固有性原理を否定せざるを得ず、その矛盾律の放棄は論理の完結性と合理性の放擲に帰着せざるをえない[★14]。近年の宇野学派には、信用機構の限界とりわけ固定資本の制約から内在的に資本結合と資本市場、そして株式会社機構の発生までをも説こうとする歴史的移行の理論化への誘惑がみられる。こうしたロジックは、やはり弁証法的生成・発展論の尻尾を残しているものとみるべきだろう。

少なくとも宇野学派の潮流には、「流通論」を冒頭商品の内在的自己展開とみなし、それが自己の内部に価値増殖の根拠としての労働を要請して必然的に「生産論」への移行が果たされ、さらにこの総資本がさまざまの個別諸資本の競争過程へと分化することで「分配論」に具体化されるといった、弁証法的論理展開への暗黙の依存が見られることは疑いえないだろう。そこにはヘーゲル『論理学』における概念の移行・反省・展開のシェーマが、意識的にせよ無意識的にせよ、ほぼそのまま投影されている[★15]のである。

(2) 段階論

さらに宇野学派の致命的欠陥はその段階論と呼ばれるロジックにある。

たしかに宇野自身の『経済政策論』は歴史の理論化ではなく、商人資本・産業資本・金融資本という資本の蓄積タイプに即した資本主義の類型論として読めなくもない。しかしながら鈴木鴻一郎や岩田弘らの世界資本主義論が、資本主義の歴史を原理的論理に「内面化」することを標榜しているのみならず、大内力のような純粋資本主義論者さえ、イギリスとドイツの相互作用を理論的に模写することで資本主義の発展過程を法則的に解明できるとしているのである。

大内にとって、重商主義から自由主義にいたる段階の移行は、イギリスを積極的典型国、ドイツを消極的典型国とする両者の複線的相互作用によってその必然的プロセスが解明できるとされる。さらに自由主義から帝国主義段階への移行の契機は、積極的典型国にドイツを置き消極的典型国にイギリスを置く同じく複線型発展の論理によって明らかになるとしている。こうして宇野学派の主潮流にとって「段階論」とは、重商主義から自由主義をへて帝国主義にいたる世界史的な移行の必然性を解明することがその課題とされることになるのである。

そしてまた宇野理論を最も正確に継承すると自負する降旗節雄においてさえ、段階論はひとつの躓きの石であった。降旗において段階論は、生産力の発展にもとづいて、基軸生産様式が羊毛工業から綿工業をへて鉄鋼業へと変化していく歴史過程とみなされ、農村共同体の解体によって無産労働者を形成する重商主義、労働力商品の一般的確保によって資本主義的生産様式を確立する自由主義、いっそうの生産力の増大にもとづく労働力の不断の過剰傾向としての帝国主義が継起的必然性論として展開される。そこでは、資本主義市場が労働力商品を中心に純化から不純化へと向かう傾向が的確に把握されているとはいえ、生産力の発展を起動因とする資本主義の生成・発展・変容の

歴史法則化というマルクス主義的ドグマから、なお十分に自由ではなかった。[★16]

こうして、現在の時点から宇野理論の到達点を反省的に顧みれば、宇野学派の原理論も段階論も、いまだ資本主義の歴史を理論化しようという傾向を強く残していたと言えるのではなかろうか。総じて宇野学派と呼ばれるマルクス経済学の潮流もまた、やはり「歴史理論による資本主義批判」のタイプに属するものといえよう。

【4】現代資本主義分析による批判

さて、以上の歴史的発展理論が、現代資本主義論ないし現状分析に特有の終末論的バイアスをもたらすことになる。

二〇世紀中葉に入ると、マルクス主義の正統派も構造改革派も宇野学派もひとしく「国家独占資本主義論」を唱え、それぞれ、国家と独占の癒着、生産力の社会化、金融資本を超えた国家による資本主義の組織化などを主張することになる。[★17]もちろんそれぞれの学派には、全般的危機の評価や国家の階級的性格について正反対といってよいほど大きな見解の相違があった。だがそれにしても、ともかく、現代資本主義は帝国主義という最終段階を終え、いまや社会主義の入り口に差し掛かったという認識が共有された。すなわち国家権力による通貨管理と市場のコントロール、国民所得の再配分の実現をもって、資本主義の終末論がまことしやかに喧伝されたのである。

この意味で、国家独占資本主義論は、それを社会民主主義的ないしケインズ主義的な福祉国家と捉えようと、全般的危機を背景とする予防反革命体制と捉えようと、いずれにしても二〇世紀中葉には、当時の世界が国家権力の奪取あるいは介入・利用にもとづいた社会主義への過渡期であるという理解が、ひろく「科学」的歴史認識として共有されていたといってよい。

ところがどうだろう。二〇世紀末のソビエト連邦の崩壊とともに、国家独占資本主義論はおろか福祉国家論までもがあっという間に消え去り、今度はまったく逆に市場原理主義によるグローバリゼーション論の登場である。A・ネグリとM・ハートの「帝国」論議が文字どおりグローバルに論壇を席捲し、マルクス主義者は国家独占資本主義論の舌の根も乾かないうちに、かつての見解とまったく逆の歴史認識を打ち出すことになる。

いわく、国家独占資本主義は国家権力が資本主義の発展を抑制する体制であり、資本の歴史的発展法則に逆行するものであった。二一世紀の資本主義は、こうした組織資本主義的な管理システムを徹底的に破壊し、国境を超えた情報と金融のサイバースペース化・グローバル化によって、国家の主権そのものを、領土を持たない脱中心化されたネットワーク状の支配装置に代替させてしまう。つまり資本のグローバリゼーションによって、ついに国民国家の枠組みそのものが溶解しつつあるというのである。これがネグリとハートのいう「帝国」である。そうした新自由主義的ないし市場原理主義による世界制覇はけっして反革命ではない。むしろこれこそがマルクスのいう「資本の文明化作用」を真に体現するものであり、グローバル資本主義としての「帝国」はその世界史的普遍化の極限において、自らの内部に自由で民主的な「マルチチュード」を生み出す。したがってマルチチュードは、単純な反グローバリズムに属するのではなく、むしろグローバリゼーションの側に立ってその流れを加速し変質させ再組織する運動、すなわちオルタナティヴなグローバリゼーションと呼ぶべきものである。こうして、現代資本主義に対する可能なる異議申し立ての主役として、NGOやNPO、トランスナショナルな市民のアソシエーションが称揚され、その発展に世界史的な社会主義への展望が求められる[★18]ことになる。

こうした傾向は、大内国家独占資本主義論の衰退後の宇野学派にも大きな影響を与えつつある。たとえば榎本正敏らは、二一世紀を社会主義化の時代として捉え、資本主義はソ連型社会主義を崩壊させたが、逆に資本主義世界の中枢において、新たな社会主義化を準備し創出させる過渡期的な生産力の発展・変化が進行しているという。ここにおいて社会主義の根拠は、工業生産力を超えるより高度なソフト化・サービス化産業の発達と、パソコン・インターネットにもとづくネットワーク型協働社会システムの形成に求められることになる。この新しい高度な生産力は、パソコンという生産手段を通じて情報インフラの共同所有を可能にし、それにもとづいて諸個人は自己の労働にもとづく独立自営の小生産者となる。それは労働力の商品化を止揚した新しい生産関係すなわち社会主義である[★19]というわけである。これはもはや宇野派世界経済論というよりは、素朴でなし崩し的な生産力史観に則った資本主義自動終末論=過渡期社会論というべきであろう。そこに見られるのは、資本主義の生産力的発展は必ず社会主義の形成にいたるというドグマ的な信念の表出以外のなにものでもない。

こうして国家独占資本主義論とグローバリゼーション論は、まったく逆のスタンスからではあるが、資本主義の死滅から社会主義への移行を展望する必然性史観を全面開花させたといってよい。

しかしながら現実を少し冷静にみれば、国家独占資本主義が資本主義権力の官僚制的肥大化であり、グローバリゼーションが資本主義市場経済による全社会の包摂であることは明らかであろう。もともと資本主義は市場による経済の自己コントロール機能を備えているが、同時にその弊害に対しては国家権力による制度的な調整システムを保持している。たとえばイギリス重商主義は商人資本に対立する救貧法をもち、自由主義は産業資本に対立する工場法をもち、そしてドイツ帝国主義は金融資本に対抗する社会法を具備していた。資本主義は外的インパクトによって如何ようにも変化しうるアミーバ的な軟体構造をもっており、自らの内的矛盾により生成・発展・死滅を宿命づけられるほどヤワな存在ではなかったのである。

【5】歴史理論的「批判」のメタ批判

われわれは、これまでの進化論的社会学やマルクス主義が、歴史の進歩のドグマを免れえず、資本主義の発展を「資本の文明化作用」とみなし、その進化の行き着く先に新たな社会システムを展望する歴史の理論化への誘惑を断ち切れていないことを明らかにしてきた。そしてこうした傾向は、「論理と歴史の分離」を公式的に掲げてきた宇野経済学と呼ばれる学派においても基本的に払拭されていなかった。その資本主義認識は、「唯物史観の論証」という名目で、事実上、歴史の発展法則の追認になってしまっていた。

このことは宇野学派の原理論において、概念の内在的自己展開とでもいうべき歴史時間的移行の論理が組み込まれていること、また段階論においては、重商主義・自由主義・帝国主義が世界史の複線型発展論あるいは生産力の発展から演繹された段階移行の必然性論に収斂してしまっていることからも傍証できよう。そしてまた、彼らの遂行する現状分析が、その最良の場合でも、現代資本主義の内的な発展の延長に次の社会システムの到来を予測しようとする衝動を抱えていたことからも明白である。

すなわち客観的で「科学」的な資本主義の分析による批判は、それに最もストイックなはずの宇野学派をもってしても、なお「歴史理論による資本主義批判」というべき傾向の色彩を強く残していたのである。

こうした主張は一見すると、われわれが、資本主義が特殊歴史的な社会であるというマルクスや宇野弘蔵の認識そのものを否定しているように聴こえるかもしれない。それゆえこうしたあるべき誤解を払拭するためにも、いったん社会学やマルクス主義、そしてまた宇野学派の公式的見解を括弧に入れ、現代の科学哲学をふまえて、宇野弘蔵自身の推論の形式を反省的に捉え返してみることにしたい。このとき資本主義への歴史主義的な批判に替わる新たな批判の方法がわれわれの眼前に瞭然となるであろう。

そもそも宇野自身の理論体系において、ダーウィン流の歴史の進歩史観ないしはヘーゲルからマルクスに受け継がれた概念の自己展開といった弁証法的必然の論理形式を見いだすことはまったく不可能である。そこには、マルクスの『資本論』に学びながらも、そのテキストをマルクス自身の意図とは全く異なる体系に異化した、ありうべき「マルクス」が見いだされるであろう。なぜならマルクス以上にマルクス理論の真髄を、したがって資本主義の強靭さを熟知していたのは、宇野学派のエピゴーネンたちとは異なって宇野弘蔵その人だったと思うからである。

（1）宇野弘蔵の歴史哲学

たとえば宇野自身の原理論を見てみよう。

原理論の出発点に置かれているのはマルクスやその学派と同じく「商品」である。しかし資本主義の出発点に置かれた商品は、歴史社会のいかなる生産力の発展とも無関係であり、唯物史観をどのように展開しても社会の内在的進化から商品の必然性を導出することはできない。商品とは社会の外部にある、宇野流にいえば共同体と共同体をたまたま媒介するにすぎない関係概念である。これは唯物史観の前提そのものの否定であろう。

また、マルクスは価値形態の展開によって商品から貨幣が発生するとしたが、宇野の価値形態論においては、じつは相対的価値形態の商品（リンネル）に対して外部的関係にたつ等価形態（茶）があらかじめ前提とされており、この等価形態に立つ茶が初めから貨幣として予定されているのである。仮に貨幣が商品自体から内在的・弁証法的に転化し発生するのであれば、貨幣は相対的価値形態に立つリンネルでなければならないであろう。しかし宇野原論は『資本論』のように等式の左辺と右辺の逆転を許さなかった。価値形態論をどのように展開しても商品リンネルは貨幣に転化しない。商品は価値の表現形態がどれだけ拡大しても商品のままでしかない。貨幣は、初めからカオス的商品世界の外部にある財（茶）がそのままで一般的等価となるしかないのである。

さらに貨幣の資本への転化と呼ばれる論理にも疑問があろう。貨幣は単なる市場の結節に過ぎないが、資本は市場における商品と貨幣の関係態それ自体である。商品や貨幣と資本とはまったく位相を異にする存在である。そのうえ宇野においては、資本の運動には複数の流通圏の差異性あるいは流通界の外部にある貨幣の存在が前提とされている。こうした世界貨幣ないし資金が外部から市場に流入することが、G—W—G′としての資本の存立を初めて可能にしているというべきであろう。これはまったくの反弁証法である。

そしてマルクスによれば、資本はその循環運動の内部に労働力という商品をもつことで、自らを資本主義という一社会として確立する。しかしながらこうした社会の確立にいかなる必然性があるだろうか。資本主義社会の存立のカナメである労働力の商品化にいたっては、生産力の発展とも資本形式の展開ともまったく無関係であり、つまるところ資本主義は、社会にも資本にも外部的な本源的蓄積（エンクロージャ・ムーヴメント）と呼ばれるひとつの歴史の偶然にその成立の全根拠をゆだねる以外にないのである。すなわち一六世紀イギリスの領主による牧羊地の確保が、農民の土地からの大量遊離をもたらし、結果的に、労働力の商品化に作用したというにすぎない。

では、ともかくもこうして確立した資本主義において、それが変容する契機はどこにあるのだろうか。ヘーゲル流の弁証法に則れば、産業資本の蓄積の進展自身が自らの運動を否定する金融資本や独占を生み出すことになるかもしれない。しかしながら資本主義は、あたかも永遠に繰り返すかのごとく自己増殖的な循環運動をつづける。その変容の根拠は資本主義的生産力の外部に求めるしかないだろう。それゆえ宇野は、循環論としての原理論から帝国主義という段階論を明確に分離する。帝国主義はけっしてレーニンがいうような産業資本の集中・集積という弁証法的自己発展の産物ではない。それは一九世紀末のイギリス綿業資本に対抗する後発資本主義国ドイツの鉄鋼業という特殊な国際関係、すなわち外的インパクトをまって初めて歴史の舞台に登場するのである。

さらにまた第一次大戦後の国家独占資本主義ないし福祉国家といわれる体制は、直接には大恐慌とそれにもとづく管理通貨制の採用によって画されるにしても、そうした変容の根拠は資本主義世界の外部にあったソ連圏社会主義という体制との政治的対抗を抜きにして理解できないだろう。それゆえ宇野は現代資本主義を、資本の蓄積様式という経済的根拠から内在的に導出することを否定し、資本主義の発展そのものの外部にあるものとして「過渡期」といういささか物議をかもすレトリックを用いたのである。

宇野理論をこのように読み返せば、今日のグローバリゼーションについても、最近の宇野学派のように、それをＩＴ革命に代表されるソフト化・サービス化産業や国際金融市場の発展という生産力や資本形式から説明しようとするのは、どうやら宇野の原思考様式になじまないといえそうである。グローバル資本主義は、新たな社会主義化を準備するどころか、まったく反対に、ソ連圏社会主義体制の崩壊という外部的要因の結果であり、それは貨幣市場や資本市場を脱国境化して全地球的規模にまで膨張させ普遍化させたのである。

なるほどグローバリゼーションは国家権力を変容または弛緩させるかもしれないが、国民国家

(nation-state) そのものを消滅させるわけではない。むしろ一方で、国家(state) は無機的でシステム合理的な「帝国」型のネットワーク権力へと拡散し、他方で、国家から相対的に分離した民族(nation) は宗教や文化を基盤にした有機的な共同体として凝縮していく。もちろんこのことは、アメリカ型グローバル資本主義への収斂説に「五つないし七つの資本主義」[★20]などという制度的多様性説を対置して事足りるとする、最近の進化経済学派やレギュラシオン派の論調に与することを意味しない。まったく逆である。グローバリゼーションは、いまや確実に資本主義世界にたいする経済的外部を消失させつつあるといえる。しかし民族・宗教・伝統などの共同体に根ざした文明史的な外部は、かえって近代合理主義的な資本主義への反撥を強め、現代資本主義は、テロやゲリラを含むかつてないほど先鋭的で強力な脅威と批判にさらされているのである。

資本主義は、T・パーソンズいらいの社会システム論が教えるように[★21]、外的環境に適応しつつ存続していくために自らの構造を絶えず変容させる自己調整的システムである。それはいま、新たな外部的インパクトによってさらに大きな変貌を余儀なくされている。これが資本主義を瓦解に導くかどうかは即断できないが、少なくとも「現在」は資本主義から社会主義への過渡期ではない。それゆえ、資本主義の内的矛盾によって人類の本史への進歩・発展を思い描く千年王国論がすでに成り立たないことだけは確かであろう。

(2) スピノザ的推論の形式

われわれは宇野弘蔵自身のロジックの形式を参考にして、マルクス理論を、唯物史観と呼ばれる歴史の内在的進化法則とも、それゆえその起動因としての弁証法的な概念の自己展開ともまったく異なる推論の形式に換骨奪胎してきた。

この推論の形式にかんして近年、マルクス理論そのものの研究の側からも、L・アルチュセールの再評価をつうじてB・スピノザ的世界観からの影響が注目されるようになってきている。周知のようにスピノザは、デカルト的な物質と精神の二元論を批判して、神即自然（Deus seu Natura）の一元論を主張した。スピノザによれば、神は万物の内在的原因であって超越的原因ではない。それは万物をいわゆる自由意思によってではなく、自己の本性にしたがって必然的に存在せしめる。世界はすべて一にして全なる神の因果的必然性のもとにあり、人間はこれを永遠の相のもとに洞察する以外に自由はない。そこには神の名を借りた、完全に諸個人の意思から独立した世界、すなわち徹底した唯物論的ロジックがあろう。

後期マルクスは、こうしたスピノザの影響のもとに、社会の内在的矛盾による弁証法的発展論や進歩史観について否定的に評価していたとされ、社会を自己発展する有機体としてではなく、外部からの偶然的なインパクトのよってのみ変化するフラクタルな構造として捉えていた[★22]といわれている。マルクスにおいて資本主義は、けっして内在的に生成し発展・変容するような有機体ではありえない。スピノザの『エチカ』の言葉を借りれば、「いかなるものも外部の原因によってでなくては滅ばせることはできない」（第三部　定理四）。それゆえその変容の契機は、外部からの偶然的な影響を導入することによってのみ理解できる。

こうした外部的契機をいったん捨象することによって、マルクスの『資本論』はそれ自体で完結したスピノザのいう「自動機械」すなわち原理論的システムとして完結しえた。それは、その後のレーニンらが試みた現代へと続く歴史的論理への発展を許さないものとなったのである。すなわちそれは事物の内的進化を否定し、外部を前提にして構造の変化を了解する、まさに弁証法なき唯物論だったといえるだろう。

奇しくも近年の資料によれば、宇野が原理論と切断して段階論としての『経済政策論』を講ずるにいたったのは、同じくスピノザの『エチカ』の編別構成と世界認識から大きな影響を受けた結果であったことが確認されている★23。

周知のように『エチカ』は、全五部から構成されている。

第一部　神について
第二部　精神の本性および起源について
第三部　感情の本性および起源について
第四部　人間の隷属あるいは感情の力について
第五部　知性の能力あるいは人間の自由について

スピノザにおいて神は世界の「実体」であるが、留意すべきはこの実体はデカルト的意味の主体ではなく、したがって神は自然界の創造主ではなく、むしろそれ以外の何物も存在しえない自然の総体そのものであるとされている点であろう。すなわち世界そのものが永劫不変の神なのである。

それゆえ、宇野がスピノザの神を資本と読み替えて原理体系を理解したのは正解であった。原理論＝『資本論』において資本こそは、世界を蔽い尽くしあらゆるものを資本の構成要素に還元してしまう「一にして全なる」存在だからである。しかもスピノザは、「神の定義」において、実体の変状を「様態」と呼び、「実体は本性上その変状に先立つ」（第一部 定理一）とされる。様態とは「他のもののうちにありかつ他のものによって考えられるもの」（同 定理五）である。それゆえ資本主義の各段階とは、まさに資本の変状でありその様態を意味することになる。すなわち資本の原理は、資本の様態に「本性上」「先立つ」ものとして定立されなければならないのである。

さらにスピノザにおいて神即自然の一部である人間は、実体である神の「延長の属性と思惟の属性」として把握される。これが「精神の本性」であるが、しかしそこにおいて「人間の本質には実体の有は属さない。あるいは実体は人間の形相を構成しない」（第二部 定理一〇）。この「精神」を宇野のいう資本主義の各段階と読み替えれば、段階論そのものは資本の原理に属さないことが明確になろう。そしてスピノザは心身分離の視点から精神による身体への変状を説く。これが感情である。すなわち「感情の本性」とは、「身体の活動を増大しあるいは減少し、促進しあるいは阻害する身体の変状」（第三部 定義三）のことである。まさにこの感情にこそ、資本の蓄積を外部的に促進あるいは阻害するものとしての経済政策の意義が対応すると見てよいだろう。

このように宇野段階論すなわち「経済政策論」に対するスピノザの影響は明白である。

そしてそれはおそらく経済政策論だけにとどまらないだろう。先にみたように原理論における商品論や貨幣論、労働力の商品化論、さらには資本循環論、再生産表式論、利潤率の均等化論などのロジックも、ヘーゲル流の弁証法的矛盾の論理形式とは明らかに異質であり、むしろアルチュセール＝スピノザのいう「不均衡の中の均衡」の論理に近似しているように思われる。このことは宇野自身の原理論体系が、現代の宇野学派のそれと異なり、価値の生産価格への転形や株式資本の分化・発生論、利潤率の低落化論といった移行・変容のロジックを含まず、まさにスピノザ流に「永遠の相のもとに」叙述されていることからも裏づけられよう。

すなわち資本主義の原理論・段階論・現状分析という認識には、いかなる意味でも推論形式としての連続性・発展性はない。各次元の間にはまさに認識論的断絶がある。それぞれは論理的異次元にあり、その接合は偶然的で無根拠で非法則的である。それは文字どおり重層的決定構造を成しているといえよう。こうして、資本主義を世界史の発展過程における必然的で正常な通過点とみなし、それゆえその生成・発展・死滅の過程を論証するという方法によっては、その批判を遂行しえないことが明白となった。それは、進化論的社会学およびマルクス経済学による資本主義批判の最終的破綻宣告でもある。

【6】歴史的批判から規範的批判へ

こうしてわれわれは、資本主義の歴史的発展の未来に社会主義を展望しようという進歩史観や弁証法論理を放棄すると同時に、そうした社会理論がこれまで装ってきた「科学」主義的相貌をも全面的に棄却することに帰着せざるをえない。

しかしながらこのことは資本主義を批判することの不可能を意味するのであろうか。そうではないだろう。では仮にこれらと異なった資本主義批判が可能であるとするならば、はたしてどのようなロジックにおいて可能なのであろうか。

その批判は、歴史の理論化とはむしろ反対に、資本主義が一社会として世界史のなかできわめて特異な形態であり、そのかぎりで特殊歴史的な社会構成であるという認識へと、批判のパラダイムを転換する以外にありえないのではなかろうか。すなわち資本主義は、これまでの悠久の人類史を支えてきた多様な共同体を徹底的に破壊し、歴史社会にとって外部的な市場経済という関係が社会内部の一元的編成原理になってしまった奇怪な社会であるという認識である。じっさい科学主義的で論理的なグランド・セオリーをめざしたマルクスの『資本論』には、客観的で歴史法則主義的な記述に混じって、資本主義を規範的に倒錯した異常な社会として告発する強烈なイデオロギーが散りばめられている。

それゆえ今日では、マルクスも、ヘーゲル流のホーリックな歴史の弁証法によって未来を展望する社会科学者ではなく、むしろカント的な対象世界の不可知の実在性と区別された規範的当為命題の観点から、資本主義が倫理的に望ましい社会ではないことを明らかにした思想家とみなした方が受け容れやすいかもしれない。このかぎりではマルクスのコミュニズムにも、H・コーヘンやK・フォルレンダーらの新カント学派が提起した定言命法としての社会主義[★24]と一定の類似性を見て取ることができるかもしれない。

いまやわれわれは資本主義に対する「科学」主義的な歴史理論的批判と訣別し、それとはまったく異なるスタンスに立った資本主義批判の可能性を模索することになる。

2● 規範理論による資本主義批判

【1】古典的自然法思想による批判

さて、資本主義の法則的ないし必然的終末を予見できないとするならば、それ以外にいかなる資本主義批判の方法があるだろうか。第二の批判理論のタイプは、公正の規範的倫理あるいは普遍的正義によって資本主義の不正を告発し批判するものである。

こうした正義の観念からする資本一般に対する批判は、古くは古代ギリシャのピュタゴラス学派による応報としての公正論に端を発する。それはまずアリストテレスの完全徳としての正義論に受け継がれる。

アリストテレスにとって徳とは個人の倫理的行為を意味するが、それが対他的関係に具体化するとき正義の性格を帯びることになる。それゆえ正義とは共同体的な徳であり、現実の社会関係においては「平等（ison）」として現われる。平等は二つの規範原理から成り立つ。一つは諸個人の能力（価値）に応じた富・名誉・地位など財の配分を意味する幾何学的平等であり、これは「配分的正義（dikaion dianomētikon）」と呼ばれる。もう一つは加害に対する刑罰や販売・貸与に対する弁済を均衡させる算術的平等であり、それは「規制的正義（dikaion epanorthōtikon）」と呼ばれる。それらは文字どおり、ポリス的共同体の内部において適用される規範倫理であった。したがってこれらの正義は、いまだ人々が互いに好意を抱き、相手の善を願い、しかもそれが相手に知られるというポリスの「内的善」に支えられなければならない。

これに対して市場において衡量される交換的平等は「応報的正義」と呼ばれる。それは交換される財の異質性と共通性のパラドックスである。応報的正義は、異質の財に共通して適用される尺度がなければ成立しない。たとえばアリストテレスは「五台の寝台は一軒の家に等しい」という等式を例に挙げ、その通約が不可能であることを認めて、家を貨幣に置き換えることで解決を図っている。[★25] それはマルクスが価値形態論を構想する原点となった天才的思考であった。しかもアリストテレスは、こうした市場における貨幣の追求を、ポリスにとって「外的善」であり反自然的で個人的な行為であると鋭く見抜いていた。それゆえ財を不要に蓄え自己の富とする高利貸しの「取財術」は、善き生に向かうポリスの徳を摩滅させる反倫理的行為として非難されることになる。

こうしたアリストテレスの正義論は、やがてトマス・アクィナスの神学的自然法思想に結実することになる。トマスは、まず人々が直接的対象となる共同体内の一般的正義を共通善（bonum commune）と呼び、それは、個々人がそれぞれの職分を通じて有徳な善き生をめざすことによって実現されるとする。これに対して他の人格が間接的対象となる正義を、分配的正義（justitia distributiva）と交換的正義（justitia commutativa）とに分かった。分配的正義は貧窮者や傷病者に対する国王の恩寵を肯定する所得再配分の意味をもつものであり、他方これに対して交換的正義は、中世ヨーロッパにおける商人資本や金貸資本のむさぼる暴利に対する倫理的非難としての意味をもつものであった。それはまさに、共同体の共通善を侵食する市場経済的な合理主義の拡大に抗する正義論であったといえよう。

そしてこれらをバックグラウンドとして、本格的な資本主義社会に対する規範理論の観点からする批判は、近代自然法思想の誕生[★26]とともに開始される。

周知のように近代自然法思想は、一七世紀の重商主義期における中世的共同体の解体にもとづく社会的アノミーを表現するTh・ホッブズの「万人に対する万人の闘争」論として始まった。この自然状態においては、各人は無制限に自己利益の拡大を図るため、かえって利益を失い恐怖と死の危険に遭遇する。そこで個々人は自然権としての自己保存を守るために、社会契約を結んで自然権の相当部分を放棄して国家権力を形成するものとされる。ホッブズにとっての正義は、個人の自由を守る手段として、権利の譲渡によって無制限の権力（common-wealth）へ服従することであった。

だがそれは、資本の本源的蓄積が終わり、資本主義的市場システムが完成するにつれて、しだいに国家的・政治的諸制度を捨象した安定した自然状態を想定するものへと変わっていった。その代表がJ・ロックである。

ロックは、人間[★27]はその自然状態においてあらかじめ自分自身の生命と身体について「自己所有権（self-ownership）」をもっており、相互に支配・服従の関係に立つことのない自由で理性的存在であるという。したがって個々人は生まれながらに、自己の労働の投下がもたらす財産を所有する自然法的権利をもつのであり、各自の「生命・自由・財産」を十全に保証するために、人間は他者と平等な社会契約を結んで社会状態に入ることになる。そこでは個々人は人格の内部に自然権を保持したまま、自然法の執行権のみを国家に信託するにとどまる。ロックの社会契約説は、国家権力を制限し個々人の権利と自由および平等を最大限に尊重する近代リベラリズムにたつ正義理論の樹立であった。

しかしながらロックはまた、所有権の肯定からさらに、財産の内的価値を維持し消耗や腐敗を防ぐ手段として「長持ちする小さな黄金の金属片」すなわち貨幣との交換を発見する。こうした貨幣の所有に対する人々の暗黙の同意によって、社会の外でひたすら金銀に意義を見いだす「財産の不平等」が始まる。それは資本主義的な私有財産制度を人間の尊厳の基礎として最大限に評価しつつ、同時にその結果としての人間の不平等に疑問を呈する、近代リベラリズムにもとづく資本主義批判の萌芽でもあった。それゆえロックの自然法的社会契約論は、アメリカの独立宣言や合衆国憲法に多大な影響を与え、現代アメリカにおけるリベラルとリバタリアン双方の規範理論的な原点ともなったのである。

さて、このロックにおける資本主義批判の側面をさらに推し進めたのがJ・J・ルソーであったといってよいだろう。ルソーはロックに倣い、人間の自然状態を各人が互いに憐憫の情をもつ自由で平等な社会であると想定する。だが私的所有が発達し土地の配分が始まると同時に、貧富の不平等と闘争、支配と差別の感情が起こり、人間と人間の恐ろしい闘争状態が生じる。この堕落した文明から逃れるために、諸個人は契約を結んで共同社会をつくりだす。この社会契約は、各人がその身体と能力を社会に委ねて、社会が個々人を全体と不可分の一部として吸収する「一般意思（la volonté générale）」としての自然法の形成である。ルソーの社会契約説は、資本主義における不平等の批判を主眼としており、平等という正義は一般意思による個人の自由の制限によってのみ実現されることになる。

このように古典的自然法思想はいずれも、自由と平等の相克という致命的アンビヴァレンスを抱えている。しかも、これらの社会契約説がそもそも歴史的事実に反しており実証不可能であるという批判が、D・ヒュームに始まりI・カントやJ・G・フィヒテらによって繰り返し主張された。それゆえカント以降の社会契約説は、自然法から歴史性を徹底的に排除し、その契約は純粋の原理的な要請にもとづく論理的仮説として説かれることとなった。こうして古典的自然法思想はしだいに影響力を喪失し、それはやがてJ・ベンサムらによる功利主義の規範理論に取って代わられたのである。

ベンサムは、社会を諸個人の総和からなる擬制的団体とみなす唯名論の立場から、人間の善の基準を個人の「快楽」の感覚そのものに求める。すなわち、社会に快楽としての幸福をもたらすものが善であり、社会に危害としての不幸をもたらすものが悪である。したがってベンサムにおいては、前者を促進し後者を防止することこそが最大多数の最大幸福としての「功利」であり、それは個々人の利益の総和として計測可能であるとされるのである。こうした功利主義は、その後J・S・ミルに受け継がれ、快楽としての善が単なる量ではなく質として理解されることになる。それゆえミルは、社会から不幸を除去し高貴で幸福な社会を実現する利他的行為を善とみなし、それを実践する人間の「徳」に規範的価値をおく。こうした功利主義が、その後H・シジウィックらによる厚生経済学の基礎理論として高い評価を受け隆盛をきわめたのは周知のことであろう。

【2】現代リベラリズムによる批判

さて、現代のリベラリズムは二〇世紀後半、J・ロールズの正義論に端を発する社会契約論の再評価という気運のなかで新たに息を吹き返すことになる。したがってそれは、なにより功利主義に対する批判的哲学として再登場したといってよいだろう。

ロールズによれば、功利主義には次のような問題点がある。

第一に、功利主義は全体効用の最大化を目的にして社会の構成を効率的運営という面から理解しようとするために、原理的に個々人の複数性と自由を考慮に入れることができない点である。それは社会の多数者の幸福が総量として増大するならば、少数者は劣悪な環境に置かれてもかまわないという論理を容認しかねない。

第二に、社会全体で幸福を総計化して評価するために、それを個々人にどのように分配するのかについて基準とすべき指標を持ち合わせていない点である。

第三に、そこでは幸福は欲求の充足としてのみ扱われ、その源泉の問題が無視される点である。

それゆえ功利主義は善（幸福）の最大化をもって正義とする「目的論的倫理」にすぎない。

こうした現代のリベラリズムによる功利主義批判は、同時に、最大多数者の見解をもって民衆の世論とする現代資本主義的なマスデモクラシーの支配に対する異議申し立てであるといえるかもしれない。

それゆえ現代のリベラリズムは、功利主義の限界を克服するために、各人が多様な善の構想を抱いているという「多元性の事実」を前提にして、そのうちのすべての人々に共通する項目だけを正義の原理として勘案する方法を採用する。すなわち善＝財（goods）にかんしては個々人が合理的な人生計画を首尾よく実現するという形式的規定にとどめ、その究極的な選択と内容の判断は各人の選好にゆだねる。そしてその課題は、善を実現する手段である自由と機会、富と権力・地位といった権利ないし正義（right）の配分だけを定式化することにとどめることになる。それは功利主義の目的論的倫理に対置して、善に対する正義の優先性を説く「義務論的倫理」の提唱であった。

こうして現代のリベラリズムは、公正としての正義ないし権利の正当性をそこに生きる諸個人の自由な合意に求めることになる。それゆえ、社会をいったん白紙の状態に戻して社会の基本枠組みを徹底的に検討し、すべての合理的個人が望むと推定され「全員に納得づくで受け入れられ、かつそのとき限りである」事項だけを正義ないし権利の原理とする、古典的社会契約の発想に立ち帰らざるをえない。それは、自由で平等な道徳的人格たる市民の存在を自然状態と考え、その相互利益のための協同の企てである社会契約をつうじて社会関係の成立とその権力の正統性原理を説く、近代自然法思想の伝統を共通のベースとするものであったといえよう。

まさに現代リベラリズムとは、自然法思想のもつラディカルな民主主義論を、現代的にソフィスティケートし斬新な方法のもとに再構成した正義論の総称である。[★28] それゆえそれは古典的自然法思想の抱えていた自由と平等のアンビヴァレンスを、現代という時代背景のもとに先鋭化して露呈し、両極端な現代資本主義批判を生じさせることにもなる。すなわち、ロールズ、ドゥウォーキンやセンなどリベラルによる平等の追求と、ノージックやフリードマンなどリバタリアンによる絶対的自由の追求である。

（1）ジョン・ロールズ

現代のリベラリズムは、ロールズが一九七一年に著した『正義論』に始まる[★29]といってよいだろう。それはあくまでも普遍主義的な正義の規範理論の構築をめざすものであるが、同時に、福祉国家ないし市場社会主義的な観点からする資本主義的不平等への倫理的批判として評価することも可能であろう。

ロールズはまず、「原初状態（original position）」と名づけた架空のメタレベルを設定することによって、いっさいの規範が存在しない世界を想定し、そこにおかれた人々がどのような規範の合意に達するかという思考実験を行なう。それは古典的自然法思想における「自然状態」を純論理的仮説として再構成したものである。この原初状態において個々人は自らの善の構想を合理的に追求するが、資源の希少性のために不可避的にコンフリクトが生じざるをえない。このコンフリクトを調停すべく人々は正義の規範を必要とするが、ロールズは合意される規範の中立性と公正性を確保するために「無知のヴェール（veil of ignorance）」と呼ばれる道徳的制約を置くのである。すなわち人々は共通の規範を構想するにあたり、社会において自分が占める階層や地位、性差や年齢、経済状態、資質や能力、目的と関心、生涯設計の見通しなど、自他を区別立てし公正な判断を損なうおそれのある自己にかんする一切の情報を知らないものとされる。

さらにロールズは、こうした諸個人による社会契約という思考実験を、人々が規範を構成するプロセスのなかに位置づける。各人の道徳的判断と獲得された規範とを比較し、両者が合致した場合にはそれは正義の規範となりうる。しかし両者が一致しない場合は自分の判断または規範を修正しなければならない。このような思考の反復をつうじて各人の判断と規範原理が合致する契約地点に到達するプロセスが「内省的均衡（reflective equilibrium）」と呼ばれる。それはまさに、個々人の判断と合理的決定を結ぶ合意のプロセスを思考実験として示すものであり、社会契約論の現代的水準を画するものといえるかもしれない。

さて、自己の個別利害にかんする情報を剥奪された「無知のヴェール」のもとで、各人に社会的規範を構想させるならば、自分自身の社会的位置や具体的状況が分からないため、すべての当事者は等しく地位や所得の増大を求めて公正な競争が行なわれることを望むだろう。また誰もが自分が最も不利な立場にいる可能性を否定できないために、仮にそうであった場合にそこで直面するリスクを最小化するような原理をあらかじめ選択するはずである。こうして人々は、人生計画の内容にかかわらずあらゆる合理的個人なら誰もが当然に欲するはずの権利と自由、機会と地位、富と所得、自尊といった汎用的な「社会的基本善＝財（primary social goods）」を承認せざるをえないことになる。これが合理的選択戦略としてのいわゆるマキシミン・ルールであり、ロールズはこうしたプロセスをへて合意された規範が最も公正としての正義に適う原理であるという。

こうしてロールズは正義の規範理論として次の二つの原理を提案する。

第一原理：各人は、すべての人々に共通な自由と両立できるものであるかぎり、最大限の自由への平等な権利を認められなければならない。

第二原理：社会的・経済的な不平等は次の二つの条件を充たす場合にのみ認められなければならない。①公正な機会均等という条件のもとで全ての人に開かれた職務や地位に付随したもの。②社会の最も不遇な人々の利益を改善するように配置されたもの。

このうち第一原理は「平等な自由原理（equal liberty principle）」、第二原理の①は「公正な機会均等原理（opportunity principle）」、②は「格差原理（difference principle）」と名づけられる。それらはレキシカン・オーダーに従って優先順位がつけられる。第一原理は第二原理に優先し、第二原理のなかでも①の機会均等原理は②の格差原理に優先するものとして定式化される。すなわち社会的基本善のうち最も重要な自由については、あくまでも第一原理によって各人に等しく配分することを前提に、次に、この平等な自由原理に従って生活を始めても社会的地位や所得の格差などの不平等が不可避的に生じることを各人が了解して、第二原理によって許容可能な不平等とそれを超えたさいの是正方法が提起されることになる。

また、第一原理で保障されるのはすべての自由ではなく、あくまでも人身の自由や精神的自由、政治的権利など「基本的自由」である点に留意すべきであろう。ロールズは第一原理のリストから生産手段の所有や契約の自由をはずし、第二原理にもとづいて公共の福祉による経済活動の自由の制限を容認している。さらに第二原理そのものがある種の不平等の正当化原理である点も強調しておかねばならない。それは、無知のヴェールのもとで出生や環境など本人の責に帰し得ない偶然的な不平等の是正を目的とし、そのためにまず機会の実質的な平等を保障し、次にそれでもなお残る社会の経済的に不遇な人々を保護するかぎりで基本善の不平等な配分を認めるものである。

この意味でロールズの正義論は、個人の自由を第一義的なものとするリベラリズムの前提に立ちつつも、各人の所有権への制限と市場に対する公共部門による規制を肯定するものであった。それはまさに資本主義的自由が不可避的にもたらす不平等に対する批判でもあった。ロールズ自身が「財産所有の民主主義」と呼んだ社会の構想は、まさに「福祉的自由主義（welfare liberalism）」と名づけられる資本主義の修正提案だったのである。

（2）ロナルド・ドゥウォーキン

さて、こうした規範的正義の理論を資本主義批判として、より徹底したのがR・ドゥウォーキンの『権利論』であった。[★30]

ドゥウォーキンは、ロールズがその原初状態において想定する無知のヴェールは、その中立性原理という名目にもかかわらず、選択の基本的枠組みにあらかじめ諸個人の多様な目的に対する平等な考慮を先取りしていると批判する。ドゥウォーキンにとってリベラリズムは、ロールズのように人間はまず最初に自由という測定不能の権利があるというのではなく、社会制度の案出にさいして各人が「平等な配慮と尊敬（equal concern and respect）」の権利をもつという深層理論（deep theory）によって基礎づけられなければならない。自由とは抽象的な権利にとどまらず、平等のための自由、つまり各人を平等な人格として評価する尊敬への要求であり、各人の運命について同様の配慮をはらう福祉と機会均等の要求でなければならない。この点を無視してロールズのように無知のヴェールから事後的に平等を導出しようという試みは、けっきょく議論の前提に結果を織り込んだトートロジーにすぎない。

こうしてドゥウォーキンにとって「平等」という理念は、それ以上の理論的遡及が不可能な自然法的原理の位置に置かれることになる。社会契約による個々人の具体的自由の保障も、じつは人格に対する平等な配慮と尊敬の権利からのみ導き出されるというのである。

ドゥオーキンは、この平等の権利を「効用（welfare）の平等」と「資源（resources）の平等」に分け、後者を擁護しようとしている。「効用の平等」は、各人の幸福と成功を同一の基準で計量し、個々人がさまざまな財から得る満足を可能なかぎり保障することを目指すものである。しかしドゥウォーキンによれば、それは各人の主観的な満足を基準にするために、客観的な測定が不可能である。

これに対して「資源の平等」は、たんなる財にアクセスする機会の平等のことではない。「資源」には財や機会だけではなく各人の能力も含まれる。それゆえそれはむしろ、個々人が選ぶ人生の目標に対して、各人の能力の差異に応じて積極的にアクセスの機会に差異を設ける資源の配分の仕方を意味する。もちろん自らの人生の計画設計は各人にゆだねられ、その多様な選択の可能性を侵すことは許されない。しかしその達成の手段としての「資源」はあらかじめ平等に配分されなければならず、しかも「いったん資源配分が完遂されても、だれかが自分自身の資源の束よりも他の人の資源の束を望む場合、その資源配分は平等な分割ではない」とされる。

これをドゥウォーキンは「羨望テスト（envy test）」と呼んで、たまたま能力に恵まれず例えばハンディキャップを背負った人は、それに恵まれた人と実質的に平等になるまで、より多くの資源の配分と補填を受ける権利をもつものとする。すなわち機械的な資源の分割手続きを補完すべく、まず、各人がそれぞれ自分の生き方に照らして、どれだけ資源が必要になるかを合理的に検討しながら進んでいく「オークションとしての市場」が設置されなければならない。さらに、誰もがハンディキャップという不運を負う可能性をふまえて、オークション市場を矯正する「仮説的保険市場」が設けられなければならない。

この点でドゥウォーキンの「資源の平等」はロールズの格差原理よりも優れていると自負される。ロールズの格差原理では「最も恵まれない人々」という経済的財の観点から評価される集団だけが対象とされ、「恵まれない」ことの具体的内容に焦点が当てられることはなかった。これに対して「資源の平等」は各人の異なった能力や機会、環境をターゲットとすることで、さまざまなハンディキャップを背負った人々に個人単位での配分を客観的に保障できることができる装置を準備するからである。

それゆえドゥウォーキンにおいては、さまざまな境遇にある具体的な個々人に注意を払いその権利を等しく確保することこそが、「平等な配慮と尊敬」の権利である。ドゥウォーキンの社会契約説は、ロールズと同じく各人の信念や欲求、選好を個人の合理的判断にゆだねるリベラリズムの前提を維持しつつ、個々人の自由意思によるオークションや保険をつうじて資源平等論の理念型をつくりあげていく。それは、ルソーに源流をもつ「平等へのリベラルな構想」を重視することによって、資本主義的な市場の自由に対する批判をより強め、個々人のハンディキャップを補填することを目標とする社会民主主義的な福祉国家の正当化に帰結していったといえるだろう。

(3) アマルティア・セン

この現代リベラリズムによる資本主義市場批判の流れを極限まで推し進めたのが『福祉の経済学』に代表されるA・センの経済倫理学★31であった。彼は、社会的コミットメントとしての自由と人間の基本的潜在能力の平等を主張することになる。

センはリベラリズムの伝統にしたがい、人間の自由は個人が選びとりコミットすべき最高の価値であることを認める。しかし同時に自由は、世界のあり方と切り離しえない多くの社会的価値と共存しその中心に位置するものである。それゆえ人間の自由は、たんに個人の意思で選択されたか否かという統制的観点からだけではなく、選択された結果とこの結果を達成するプロセスがどのようなものであったかという権能的観点からも評価されなければならない。このようにセンは自由という権利の自然法的性格を承認したうえで、その帰結への配慮を「社会的コミットメントとしての自由」と表現する。

しかもセンによれば、個人の自由の要素に社会的コミットメントを認めるならば、あい異なる人々がもつ潜在能力の促進をなによりも重視しなければならないことになる。すなわち年齢や性別、遺伝的特質、環境の差異などの個人差を自由の前提条件と捉えたとき、ロールズのいう基本善はあくまでも自由を達成するためのたんなる一つの手段にすぎない。

こうしてまず、ベンサム型の功利主義的平等論が、個人の自由を効用または選好といった心理的要素にのみ還元し各人の福祉をその総和によって評価するものとして批判される。つづいてこれを批判したロールズ型の基本善の平等論についても、もっぱら一定の正常な身体的・心理的能力をもっている市民に対する応答としての資源配分だけを問題にし、そこでは善および嗜好や選好の多様性が考慮されることはあっても、道徳的・知的能力の多様性や生まれ持った能力への事故や病気の影響を含む身体的能力の多様性が考慮に入れられていないと批判される。センは、ロールズにおける自由の手段としての基本善への着目をフェティシズムとして斥け、人間の多様性は、事後的に導入すべき副次的な複雑性ではなく、人間の自由にとって最も重要で基本的側面であることを強調するのである。

そしてそのためには、一人ひとりの個人が実際に何ができるかという機能、そしてそのための選択肢をどれだけ持ち合わせているかというケイパビリティが重視されねばならない。こうしてセンは、個人の多様な人間的諸機能の集合から成る選択可能な人々の生活それ自体に焦点をあてた自然法的権利が追求されなければならないという。これが人間の「基本的潜在能力の平等（equality to basic capability)」と呼ばれるものである。センの説く基本的潜在能力とは、たとえば衣食住や社会参加の能力、具体的には必要量の栄養補給を受け摂取する能力あるいは衣服や居住を確保する資力や社会の協同生活に参加する能力などを意味し、それらはあらゆる人間が自然権として潜在的に保持している能力であるとされる。それらは、先進国の疾病者や障害者、地球の南側の貧困層など社会的弱者の視点に立って社会的平等を優先するリベラリズムであった。

こうしたセンの主張は、ロールズ以降のリベラルの枠組みを大きく超えて「平等至上主義(egalitarianism)」といわれる認識にまで達しているといえる。

現代のリベラリズムの平等原理は差別一般を否定したが、個々人の能力にもとづく差異を否認する根拠を提示できなかった。これに対してセンは、平等という正義を人間の生まれながらもつ能力の次元にまで適用し、それを潜在能力における平等と捉えることによって、ロールズいらい自明のこととされてきた労働や能力の差異を経済的・社会的報酬や所有に結びつける「基本善＝財の平等」論に反対する。センはこの文脈においてマルクスの『ゴータ綱領批判』を引用して、「労働に応じた分配」ではなく「必要に応じた分配」を評価することになる。それは労働や能力よりも個々人の「必要(needs)」およびその社会的帰結を考慮して、人間の本源的平等を追求するものであり、すでに資本主義的な機会の平等論を超出している。

しかもセンは、こうした「必要」は社会規範として公共圏における議論によって形成されるものであり、それはそのまま個々人が公共圏に参加し議論する自由や政治的権利と密接に結びついていることを強調する。センの主張は、現代リベラリズムによる資本主義的不平等批判のひとつの臨界点を示すものであり、同時に、資本主義的市場を超える社会＝共同体的な公共圏の創出までをも射程に入れたものといえるかもしれない。

（4）ロバート・ノージック

他方、現代リベラリズムには、同じ自然法的社会契約説から出発しながらこれらとまったく逆の視点から資本主義を批判する潮流がある。個人の原初的な自由を絶対的自然権として堅持し、それにもとづく自由な市場システムを擁護しようというリバタリアニズムの主張である。

たとえばその代表的な理論家であるR・ノージックは、社会制度の成立に先行して自然状態を想定し、そこにおける人間を、独立した存在でありそれ自体で自存する譲渡不可能な人格であるとする。★32

ノージックによれば、個人の権利を超えそれを侵害するような「社会的実体」はそもそもどこにも存在しない。唯一実在するのは、個々に生命をもち生の意味を自己自身に付与して生きている自立した別個独立の人格だけである。そしてこの人格の自立を基礎づけるのが、人間はあらかじめ自分自身の生命と身体を所有しており、それゆえそれらを用いた自己の労働を所有し、したがって労働の成果である財とその交換についても絶対的な所有権をもつという、先に見たJ・ロックの「自己所有権（self-ownership）」テーゼであった。すなわち自己所有権の正義が充たされるかぎり、その結果が仮にどんな不平等なものであったとしても正当化されるべきであり、配分の正義は所有の交換の結果以上のものであってはならない。ノージックはロールズ以降のリベラルが交換の過程から独立に資源の配分原理を構想している点を捉えて、そうした社会契約は自由の侵害に帰結せざるをえないと批判する。

ノージックは、ロックの自然法思想をリベラリズムの唯一の源泉であるとみなし、生命・身体・財産に対する自由な「権限（entitlement）」を自然法の基礎に据えて、社会契約にもとづく制度形成のプロセスをたどっていく。それは、古典的リベラリズムの歴史的な社会形成史に代わる論理的な仮想史（hypothetical histories）の構築でもある。

まずなにより、自然権としての人格の自由は、二次的な構成物であるどんな社会契約によっても侵害されてはならず、逆に社会契約は、あくまでも人格の活動に対する外的障碍を取り除くという目的に縮減されなければならない。個人は手段としてではなく目的として不可侵であり、干渉の拒否という個人の権利は、社会的権利を実現する集団目標に対して「横からの制約（side constraints）」として立ちはだかることのできる絶対性をもつ。ノージックは、所有の正義の実現をめざした個々人の合理的選択の結果として、個人の契約による権利の保護を目的とする相互保護協会（association）の形成を導きだす。さらにこの協会が市場における競争をとおして支配的保護団体に成長することになる。こうしてできあがった保護協会は、未加入の「独立人」が差別的な不利益を被らないようにするため、しだいにそのサービスを独立人にまで拡げざるをえなくなる。これが「領域内での実力行使の独占と全住民の保護」を目的とする国家の確立である。

当然にもこの国家は、暴力・窃盗・詐欺から諸個人の自由を保護し、契約の履行を保障するための警察と司法に機能を限定された、誰の権利も侵害しない「最小国家（minimal state）」でなければならない。ノージックらのリバタリアンは、こうした社会契約的国家観にもとづいて、社会主義の計画経済のみならず福祉国家の所得再配分政策についても、国家が個人に対してもつ権限を逸脱した「でしゃばり国家」だとして非難することになる。それは絶対的な自由の擁護を終始一貫して徹底し、現代資本主義の福祉国家的な平等主義そのものに対して批判の刃を向けるものであった。そのリバタリアニズムは国家の枠組みを超える二一世紀のグローバル資本主義に適合的な規範イデオロギーであるというべきだろう。

（5）デビッド・フリードマン

さらに現代リバタリアニズムからは、D・フリードマンのように国家権力そのものの廃絶を主張するアナルコ・リバタリアニズム[★33]が登場することになる。

フリードマンは、自由な選択の結果として奈落の底に落ちる権利も含め、個人の選択の自由意思を何よりも重視する。各人は誰でも自分自身の身体とその生産物を基礎とするあらゆる財をただ自分の意思のみに従って処分する自由をもつ。すなわち他人の所有権を承認し他人の権利を侵害しないかぎりにおいて、人間は自己と自己の所有物に対する絶対的権利を保障される。これはほとんどのリバタリアンが継承するロックの「自己所有権」論を踏襲するものである。だがフリードマンの特徴は、そのリバタリアニズムをロック＝ノージック流の権限理論（自己所有権論）から直接導き出すのではなく、経済的な資源の希少性原理から説明する点にあろう。ノージックらの倫理的リバタリアニズムと区別して、それが経済的リバタリアニズムと呼ばれるゆえんである。

フリードマンは財の所有権が正当化される理由を、各人がそれぞれ異なる目的をもってそれを多様に追求している点、だがその資源は誰もが自由に使用できるほど豊富に存在しない点に求める。それゆえ、資源の希少性のもとで個々人の多様な目的を達成しうる方法は、人々の「自発的な交換」によって結果として双方が利益を得るというやり方以外にありえない。つまり問題は、古典的リベラリズムのように自由放任の市場が存在するか否かではなく、諸個人の自発的交換が妨げられていないかどうかという点にある。

こうしてフリードマンは、個人の目的の多様性という観点から、人々が為すべき交換と為すべきでない交換にかんする判断を留保し、そのリバタリアニズムの倫理的中立性を宣言する。交換の自発性こそが人間の道徳性を判断する一切の尺度であり、倫理の範囲と限度は市場そのものによって検証されるべきであるというのである。それは結局のところ、市場の交換が人間の多様な目的を最も効率的に実現する手段であり、それゆえ交換が自発的なものであるかぎりいかなる交換も倫理的に承認されるべきであると主張するのと同義である。すなわちそれは、表面的な倫理的中立性の看板にもかかわらず、いな、むしろ倫理の市場的中立性の強調ゆえにこそ、麻薬・売春・ポルノ・ギャンブル・自己の臓器や身体そのものの自由な売買をも容認することになるのである。

さらに、このような経済合理主義的リバタリアニズムは、ノージックが説いた「最小国家」の機能さえも否定することになる。フリードマンによれば、公共財とはけっして政府によって供給される財を意味しない。あらゆる財は誰が供給しても一定の費用が必要になるのは避けられない。それゆえ公共財や公共サービスについても、それが政府によってなされる場合と民間によってなされる場合を比較衡量して、より効率的な供給方法を選択すべきことを提唱することになる。

すなわち国家の必要性を証明するためには、公共財の民間供給が不可能であること、ないしは政府による供給の方が民間による供給よりも効率的であることを示さなければならない。この判定は、その供給によって利益を受ける個人に確実に費用を負担させる行為を、政府と民間のどちらが合理的になしうるかという点で決定される。個人は財やサービスの供給について国家と市場とを比較衡量し、より自由で効率的な方法を選択する権利がある。

このことは公共財やサービスの供給について政府にあらかじめ特権的な地位を与えることはできないことを意味する。それゆえフリードマンは、政府は個々人の同意と交換を無視して合法化された強制の体系（agency of legitimized coercion）以外に、自己の地位を正当化できるどんな権能も持っていないと結論する。それは当然にも、学校・警察・道路・裁判所などにもあてはまる。こうしてフリードマンは国家（政府）の完全な廃止に向かわざるを得ない。すなわち市場原理主義の徹底による資本主義国家そのものに対する正義理論的批判である。

こうしたリバタリアニズムの思想は、その反国家的すなわち反権力的なスタンスのゆえに、一方で、ラディカル民主主義的な左翼と一脈通じるものがある。たとえばE・ラクラウとC・ムフなどのポスト・マルクス主義やネグリとハートなどのマルチチュード論が「ラディカルでリバタリアンでプルーラルな民主主義」なるものを標榜しているのはよく知られているところだろう。だがリバタリアニズムは同時に、他方で、F・ハイエクやM・フリードマンらの新古典派の経済思想とともに、市場メカニズムを「自生的秩序」として万能視する新自由主義のイデオロギー的代弁者としての役割を果たすことにもなる。それはけっきょくアナルコ・キャピタリズムというべきものに帰着していくであろう。

(6) リベラリズムは資本主義を批判できるか?

以上の整理からわかるように、現代のリベラリズムは、近代自然法思想を源流にロールズに始まりドゥウォーキンやセンらにいたるリベラルと、同じ源流から発しながらノージックからフリードマンらにいたるリバタリアンとに分裂し、その双方から資本主義とりわけ現代資本主義を批判している。現代のリベラリズムには、個人の自立や自己決定権、選択の自由を絶対視する自由主義の側面と、あくまでも差別の是正や社会民主主義的な再配分、福祉国家を追求する平等主義の側面とが対立し不協和なまま同居しているといってよいだろう。両者はいっけんすると正反対のスタンスに立っているように見える。

なるほど二〇世紀中葉のケインズ的福祉国家は、国家が社会に介入することによって中央集権的官僚制を肥大化させ、互酬と相互扶助に支えられた伝統的共同体を解体していった。そして管理通貨による完全雇用政策は、あらゆる人間の労働力を商品化し、人々を「個人」化して労働市場に組み入れていった。さらにまた、その差別の禁止と同権化の政策は、地域的に固有性をもつ多様で濃密な人間関係を破壊し、人間の平等の名のもとに各人の差異を抹消して、国家による無機的で形式合理的な統合を組織していった。このかぎりでノージックらリバタリアンによる資本主義批判は、福祉国家の負の側面を的確に抉り出しているともいえる。

だが現代資本主義には、もうひとつの側面がある。

すなわち二〇世紀末以降、グローバルに拡大した現代資本主義は、個人の自由意思の名のもとに旧来の国家的統合そのものをも解体していった。国際金融市場では、実体経済を離れた電子マネーが瞬時に地球を回り、ヴァーチャルな電脳空間が現実世界を覆い尽くす。そこでは、あたかも全世界が自由で無機的な契約関係に収斂していくようにみえる。その結果、競争原理が世界を支配し人間関係は希薄で敵対的で格差的にならざるをえない。ロールズに始まる平等主義リベラルは、こうした現代資本主義のもう一方の現実、すなわち市場原理主義的なグローバリゼーションに対する批判として、今なお有効かもしれない。

しかしながらこうした現代資本主義の両側面は、本当に対立的であろうか。

むしろ家族に代表される人間の最終的紐帯は、国家と市場の挟撃によって決定的に侵蝕されていったと言うべきではなかろうか。社会福祉の拡充は家族の私的扶助機能を代替し、市場における個人の自己実現欲求の肥大化は夫婦や親子関係を希薄にし、離婚や非婚、独居を常態化していった。すなわち官僚制国家とグローバル市場は、ともに社会からあらゆる非合理な負荷やタブーを剥ぎ取り、家族・地域・民族・階級などの多様で重層的な共同体的文化を縦横両面から徹底的に解体し、無知のヴェールで覆われたアトム的で均質的・無機的・中性的な個人をさながら「現実」であるかのごとく幻想させていったといえよう。現代社会の規範倫理は、そうした一切の負荷のない個人を理想とし、その自由な合意である「社会契約」論の世界へと際限なく近づいていったのである。それゆえ大衆意識においても、現代資本主義の現実はリベラリズムの理念に追いつきさらには追い越し、それにリアリティを与えてしまった。

こうしてもはやリベラルもリバタリアンも、資本主義に対する批判者であることを放棄したといってよいだろう。この意味で二つのリベラリズムは、いまやいずれも現代資本主義の追認理論を超えるものではない。

そしてまた、こうした自立的人間を出発点とするリベラリズムは、現代のマルクス主義にまで非常に大きな影響を与えていると言わざるをえないのである。

【3】マルクス主義規範理論による批判

(1) 疎外論

マルクス自身の資本主義に対する正義論的・規範理論的批判は、初期の疎外論にまずその原型が認められる。

疎外（alienation）とはがんらい、人間が神から離反し疎遠になることを意味する神学的タームであった。ヘーゲルは『精神現象学』においてこうした疎外の概念を、神の受肉・死・再生をめぐる啓示宗教の論理として受けとめ、それを真なる実体である主体が自己自身を自らに疎遠でよそよそしい対象性をもつ他在（自然および社会）として外化し、この他在を媒介にして再び自己自身を定立するプロセスとして論理化した。

それはまた、自己意識が学の境地である絶対精神にいたる意識の経験の叙述であり、ヘーゲルにおいて疎外（Entfremdung）の概念は、「自己から離反した精神」の意味で用いられるようになったといってもよいだろう。自己意識は自らの自然性から離反し、それを放棄し、旧世界の体制とその固定観念を絶えず流動化し形成し反転させる。自己はこうした疎外をへて、対象的世界の諸規定を普遍的自己として把握するにいたるというのである。こうして疎外の概念は、汎神論的な神の自己啓示の過程から、主体の外化をへた絶対的主体への自己回帰という近代的な啓蒙理性の形而上学へと転用されることになった。

それゆえこうした疎外論は、ヘーゲル左派の理論家たちによって資本主義に対する倫理的批判ないしは人間主義的批判のロジックとして利用されるようになるのである。

まずL・フォイエルバッハは、世界の主体をヘーゲルの精神から現実の感性的人間へと置き換え、自己疎外をその述語とみなしてキリスト教批判を敢行する。キリスト教の秘密は、人間が自己の本質を対象化し逆に神を主体に転化し、それによって再び自己を、神という主体＝本質の客体の位置におく点にあるという。またB・バウアーは、ヘーゲルにおける自己意識の概念を歴史における真の創造的主体としての人間とみなし、神とは、人間の自己意識が自らの本質的諸力を喪失し倒錯した疎遠な威力として自己から疎外されたものであると主張した。さらにM・ヘスは、こうした疎外の具体化を現実社会の貨幣に見いだし、私有財産制度こそが人間の類的本質の疎外態であると主張することになる。そして、これらを継承したいわゆる「真正社会主義者」たちは総じて、資本主義を人間がその本質から疎外された社会であると非難し、労働と享受の一致する類的人間の平等な共同社会を追求することにもなるのである。[34]

さて、こうした思想圏の中からマルクスの正義論としての疎外論は形成されていったと言ってよいだろう。

マルクスは一八四四年の『経済学・哲学草稿』において、フォイエルバッハの宗教批判の論理に倣って、「自然的で類的存在たる人間」を主語とし、ヘスに従って「労働」を述語とする資本主義批判に取り組むことになる。すなわちマルクスは、利潤や地代として所有される資本を集積された労働として、終極的には主体としての人間の労働にその淵源を求める。しかし現実の資本主義社会では、労働の主体たる人間から労働者の生存と活動のための諸手段がますます乖離し、それらは疎遠な他者のものとなっている。マルクスにおける疎外の概念は、こうした主体から客体が分離し逆に客体が主体を支配するようになる事態を意味する。それは端的にいって「私的所有（Privateigentums）」を意味するといえよう。もっともマルクスは、人間の本質としての労働がただちに私的所有の根拠であるとは考えているわけではない。その根拠はもっぱら「疎外された労働」[35]という主体の側の転成に求められることになる。マルクスによれば、

① 人間はその本質としての労働を自らの合目的性に従って外的自然に置き入れ、人間の肉体の外部に労働の生産物として対象化（Vergegenständlichung）する。

② こうした活動が、主体の外部への合目的性の移行によって、他人のための生産に転化する

とき、この労働は外化（Entäusserung）となる。

③　労働の対象化が外化による対象剥奪（Entgegenständlichung）として自己回帰性を失うとき、それはまず労働の生産物の疎外（Entfremdung）として、次にその主体的表現として労働の疎外として現われる。この疎外された労働が外的な客体に凝固されるとき、それは私的所有として現われる。

④　それは人間の本質である類からの疎外となり、人間の人間からの疎外に帰着する。

ここにはヘーゲルが『法の哲学』において、精神の産出した第二の自然である「自由なる意思」を主語に、それが自らを外化するものとして抽象法を展開する過程がそのまま資本主義批判に適用されている。

ヘーゲルにおいては自由な意思の直接的存在である「抽象的人格（Persönlichkeit）」を主語として、その意思を外的自然に置き入れる過程がそれ自体で「所有権」の産出であると把握された。そして意思の定在である物件の肯定（占有）から物件の否定（使用）、意思の主体への反省的回帰（譲渡）をへて、他者の意思の措定である「契約（Vertrag）」へ移行する。それはさらに道徳を介して人倫へといたる。人倫は、即自的共同体としての家族を起点に欲求の体系としての市民社会（資本主義）を批判・超克し、自由の王国である理性国家へ到達する。それはそのまま、意思の主観性と恣意性が止揚され普遍性を獲得する過程を意味していた。

これに対してマルクスにおいては、私的所有の産出が対象化→外化→疎外として、すなわち人間主体から生産物が乖離しますます自己回帰性を剥奪される過程として描かれ、資本主義は文字どおり人間疎外の到達点として「本来の人間」に対する規範理論的アンチテーゼの位置に置かれたのである。

しかしながら両者の疎外論は、ともに普遍的人間主体を前提にして、ヘーゲルでは意思、マルクスでは労働というその内的な属性が外部に客体化し疎遠化するものとして位置づけられている。この点で両者は共通であろう。そこにみられるのは超越者としての絶対精神であれ、有機体的な類的人間であれ、ア・プリオリで形而上学的な実体としての主体の定礎であり、かつそれを絶対的・固定的基準にした現実社会の疎外に対する批判である。この点では、要素論的な独立した個人を起点とする近代自然法思想ともあい通じるものがあろう。すなわちそこには、デカルトに始まり、英米では自然法的社会契約論へと、大陸ではドイツ観念論へと発展していった普遍的出発点としての自存的で自立的な主体＝実体の哲学が厳然と存在しているのである。

そのかぎりでマルクスの疎外論にもとづく規範理論的な資本主義批判は、リベラリズムの社会契約論とも共通する「人間」という普遍的前提をもっていたとみてよいだろう。

(2) 物象化論

ところで廣松渉らの理解によれば、『ドイツ・イデオロギー』以降のマルクスは、こうした超越的な主体をあらかじめ実体視する疎外論を克服し、逆に「主体」そのものを項として構成していく社会関係を第一次的とする視角を確立したとされる。同様の主張は、ほぼ時を同じくしてフランスのL・アルチュセールらによっても提起された。いわゆる疎外論から物象化論への転換[★36]の主張である。

なるほど一八四六年の『ドイツ・イデオロギー』でマルクスは、その出発点において「現実にあるがままの、活動し物質的に生産をしている個人、それゆえ一定の物質的なそして彼らの恣意から独立の制限と条件のもとで活動しているままの個人」を見いだし、この前提は、いかなる勝手気ままな想定でもどんなドグマでもないと主張する。たしかにそこには、個人に先行してその意思から独立した社会関係が第一次的に措定されているようにみえる。こうした把握は類的存在としての人間をあらかじめ本質とし、この疎外態としてのみ現実の社会を告発しようとした『経済学・哲学草稿』の方法を超えているようにもみえる。しかしまた、それと同時に「労働を人間の本質として、それ自体の実体をなしつつある人間的本質」として理解する点では、疎外論をどこまで超克しているといえようか。

じっさいマルクスおよびエンゲルスは、「現実にあるがままの人間」をその内属的な実体としての労働へと、さらには諸個人相互の交通としての分業（Teilung der Arbeit）へと、一元的に還元して現実の社会の分析へと進んでいくのである。

『ドイツ・イデオロギー』では、このような「分業」を交通形態として把握し、交通形態と生産力の弁証法的矛盾を動力として採取工業↓小工業↓大工業という歴史社会の進化・発展過程がたどられる。そこには『経済学批判』において完成される弁証法的歴史観いわゆる「唯物史観」の原型が見られるといわれている。たしかにマルクスはここで、資本主義を、生産力の発展が必然的に生み出す「大工業という交通形態」として理解し、この大工業（資本主義）のもとで資本と労働の分裂、それゆえ生産と所有の対立が極点に達し、これまでの階級社会の不平等な私的所有は廃絶されざるをえないという。それはまさに、先に検討したマルクス主義の歴史理論的な資本主義批判に通じる視点であるといえよう。

しかしながら、そうしたいっけん法則主義的な歴史の必然性論の背後には、あいかわらず「疎外論」という規範理論にもとづく、資本主義に対する正義論的批判が見え隠れするのも忘れてはならないだろう。たとえばマルクスは次のように言う、

「分業の発達は家族内での労働の自然発生的な分割と、個々の相対立する諸家族への社会の分裂にもとづくのであるが、この労働の分割と同時に、労働と生産物の配分、しかも量的にも質的にも不平等な配分が存在することになり、したがって所有権が存在することになる。……それにしてもこの所有は、所有権とは他人の労働を意のままにできることだとする近代経済学者たちの定義に、まったく適っている。ともあれ労働の分割と私的所有とは同じことを意味している。前者において活動にかんして言い表されているものが、後者においては活動の生産物にかんして言い表されているのである。★37」

ここにおいて「分業」（労働の分割）とは社会関係の意味ではなく他人のための労働のことであり、それはつまり『経済学・哲学草稿』の労働生産物の外化（Entäusserung）を意味するにすぎな

い。したがってマルクスは、労働の自己回帰性の剥奪すなわち疎外（Entfremdung）をもって私的所有と言い換えているにすぎないともいえよう。こうして労働（分業）の自己展開から生産物の量的にも質的にも不平等な配分が、それゆえ所有の独占が導き出され非難されることになる。このかぎりでは、関係の自立化としての「物象化（Versachlichung）」と呼ばれる論理も、人間（主体）による労働の生産物（客体）への支配が、分業という諸個人の力能を超越した威力へと「疎外」される事態を意味するにすぎない。

『ドイツ・イデオロギー』におけるいわゆる物象化論には、いまだ、主体としての労働者から客体としての労働生産物が離反する「分業」を不正なものとして告発する倫理的批判が含まれている。このことは、この段階のマルクスとエンゲルスが、「朝には狩猟をし、昼には魚を捕り、夕には家畜を飼い、夕食後には批判をする」といった、分業に隷属しないオールマイティの普遍主義的人間なるものを理想視している点からも明らかであろう。

そこには依然としてリベラリズムと同様の、資本主義の不平等に対する正義論的批判が伏在しているとみてよいだろう。そして、より大きな問題は、こうしたマルクスの普遍的人間の労働を起点とした資本主義に対する規範的批判としての労働疎外論ないしはその人格的表現である所有論が、いわゆるマルクス経済学の労働価値説にほぼそのまま受け継がれていることである。

【4】価値論による批判

（1）規範理論としての価値論

マルクスの資本主義に対する規範論的批判は、後期の著作の中にもさまざまなかたちで存続するが、最も重要なものは何といっても労働価値説を根拠にした資本家的搾取に対する批判であろう。周知のようにマルクスは『資本論』の冒頭で、商品から蒸留法によって使用価値を捨象し、価値の実体としての労働を取り出してみせた。それは経済学的にも価値形態や生産価格とのやっかいな論理的齟齬をもたらしたが、このことはさておき、ここで強調しておきたいのは、こうした価値論がマルクスの資本主義批判をリベラリズムと同一水準の「正義論」にとどめてしまった点である。

がんらい価値論（Axiologie）は、古代ギリシャにおけるプラトンの善のイデアやスコラ哲学に端を発するといわれる。一般に倫理学において価値とは「それ自体として存在する善」を意味し、それは人間（主体）が対象（客体）のもつ善さを感得し承認することによって成立されるものとされてきた。たとえば、のちのトマス・アクィナスは「神」を、F・H・ブラッドリは「自己実現」を、F・W・ニーチェは「権力」を、そしてG・E・ムーアは「快・美・知識・愛情」を、対象（客体）自体で存在する価値[★38]とみなしているのは周知のことであろう。

さて、こうした倫理学上の価値論が経済学的価値論へと受け継がれるにあたっては、独立した個人としての人間（主体）の絶対的尊厳を説く近代自然法思想が大きな役割を果したことは強調してよいだろう。

先にみたように、近代自然法思想は、プラトン以来の調和的コスモスとしての善の世界を否定し、アトム的個人の機械的で契約的な結合としての正義論をうちだした。これにもとづいて、デカルトはコギトと名づけられた自存的な自我を出発点として経験的世界を理解しようとした。またロックは、自然状態において人間は相互に支配・従属の関係にたつことのない自由で平等な理性的主体であるとみなした。こうした人格の自立的価値を基礎づけるものとして、ロックは、人間はあらかじめ自分の身体と生命を所有しており、それらを用いた自己の労働を所有し、それゆえその成果と成果の交換についても絶対的な所有権をもつという「自己所有権（self-ownership）」テーゼを導き出したのである。

そしてカントはヒュームによる価値と事実の二分法を承けて、経験的目的に先立つ道徳的な価値の根拠を客体から独立した主体概念自体のうちに求めた。すなわち現実的な人間からその属性としての経験的規定をすべて削ぎ落とすことによって、選択対象としての目的に先行する自由な選択能力すなわち純粋意思としての人格の概念を構成したのである。

経済学における価値論は、こうした自然法的人格論の系譜とパラレルなものとして理解されるべきであろう。じっさいアダム・スミスの価値論は、神学・倫理学・法学そして経済学の四部門から成るトータルな道徳哲学上の中心的概念として構想されたのである。

よく知られているようにスミスは、初期未開の社会においては独立した直接生産者が全生産物を所有すべきであると主張した。スミスは、商品の価値を規定するのは人格に内属的な労働の投下であるとし、この投下労働と、交換によって所有される他の商品に他人が投下した労働すなわち支配労働の価値とは相等しい。すなわち労働こそあらゆる商品の交換価値を実質的に尺度する「本源的購買貨幣（original purchase-money）」であるという。その価値論は、労働にもとづく所有という法の権原論および交換的平等という倫理的正義論と一体となった人格主体の自存的価値を説く道徳哲学だったのである。★39

こうしたスミスの労働価値説は、その後D・リカードウによって経済学的に純化して継承され、資本主義社会においても貫徹する賃金・利潤・地代という所得の源泉理論として彫磨されていくことになる。すなわちリカードウは、スミスにおける投下労働価値説と支配労働価値説の体系的不整合を批判し、投下労働価値説のみにもとづいて三階級すなわち資本・賃労働・地主の所得を規定する分配原理を一元的に解明したのである。

しかしながらこうした経済学の価値論は、どれほど科学的純化をこらしたとしても、やはり自然法的所有論の痕跡を消し去りうるものではない。

じじつイギリスのリカードウ左派と呼ばれる経済学者たちは、労働価値説を規範的根拠にして資本家による利潤の取得の倫理的不正義を訴えた。たとえばT・ホジスキンは、所有と分配の不一致からくるあらゆる政治的干渉と抑圧を排除して、生産者が自己のすべての労働収益を所有できる自由な社会を構想し、W・トムソンは、すべての生産物の自由な交換と労働全収益権を保障するために、生産者の互助的協同組合による平等な分配を追求した。そしてJ・グレイやJ・F・ブレイは、中央銀行が現行の貨幣に代えて労働証書を発行することを提唱し、それによって資本家の固定資本を漸次的に買収する生産手段の共有化構想を提起した。彼らはまた、労働者の雇用保護と利潤分配への参加権の法制化を要求することにもなる。[40]

こうした労働価値説は、法曹社会主義者であったA・メンガーが資本家の不労所得を不法なものとして告発し、労働者による労働権・生存権とともにその労働全収益権を自然法的権利として主張する論拠としても利用される。またP・J・プルードンが資本家の私的所有は盗みであると断じて、資本家および地主の所得は自らの反対給付なしに、自己の法律的に権勢ある地位によって労働者階級から一方的に取り立てた一種の租税にすぎないというのも、同様の論拠にもとづいているといえよう。こうしてプルードンは無償信用による人民銀行の創設によって利潤および地代を消滅させ、小生産者的労働者の自発的な相互扶助による協同組合企業（association）の結成をつうじて、労働者が労働全収益権を取得する社会の実現を主張したのである。

(2) マルクスの労働価値説

このような労働価値説に刻印された近代自然法イデオロギーは、マルクスの理論にも同様に残存していると言わざるをえない。なるほどマルクスやエンゲルスは、リカードウ派社会主義を「リカードウ理論の平等主義的適用の提唱」であり、「ブルジョアと闘うのにブルジョアの武器をもってする」小ブルジョア的で道学的・法曹的な社会主義論[41]であると一応は批判している。マルクス自身は、リカードウにおける価値と使用価値の概念を労働力という商品に適用し、労働力の価値とその使用価値である労働の産み出す価値との差異に着目して剰余価値の概念を導き出したのであり、資本家による剰余価値の取得に対してなんら倫理的・規範的な非難を加えていないという弁明も成り立つかもしれない。

しかしながらマルクスの労働価値説はやはり自然法的な主体の観念を受け継いでいる。『資本論』の冒頭商品において、その価値の根拠を人間の労働に求める主張は、社会関係に先立ってあらかじめ生命と身体を所有する自存的な人間主体を肯定し、その内的労働の支出によって商品の価値を正当視する近代自然法的リベラリズムの人間観に立つものといわざるをえない。マルクスは『資本論第一巻』の「資本の蓄積過程」において次のようにいう、

「最初、所有権は自己の労働にもとづくものとしてわれわれの前に現れた。少なくともこのような仮定が認められねばならなかった。なぜなら、ただ同権の商品占有者が相対するだけであり、他人の商品を取得するための手段はただ自分の商品を手放すだけであり、そして自分の商品はただ労働によってつくられうるだけだからである。所有は、今では、資本家の側では他人の不払い労働またはその生産物を領有する権利として現れ、労働者の側では彼自身の生産物を領有することの不可能として現れる。所有と労働の分離は、外観上両者の同一性から出発した一法則の必然的な帰結となるのである。[★42]」

いわゆる領有法則の転回として知られるこのレトリックは、経済学的価値論を、「価値」の原義

である規範的な所有論に換骨奪胎して人格的に表現し直したものといえよう。そこに弁証法的転回論の痕跡が残るとはいえ、資本家的所有を「他人の不払い労働の領有」として批判するスタンスは、明らかに、労働の生産物は労働者自身に帰属すべきだというリベラルな労働全収益権の主張であり、リカードウ派社会主義と共通する平等主義的倫理観ないし公正主義的正義論を共有するものといわざるをえない。

この点をマルクスは明確に、「資本主義的生産様式から生まれる資本主義的領有の様式すなわち資本家的私的所有は、自己の労働にもとづく個人的な私有の第一の否定である」と述べる。すなわちそれはそのまま、資本家による所有は労働者の労働の搾取にもとづく不正な所有であるという規範的主張である。それゆえ『資本論』第一巻の結論部分では、社会主義社会のヴィジョンとしてこうした本源的な所有の「否定の否定」が説かれることにもなる。

「資本主義的生産は、一つの自然史的必然性をもって、それ自身の否定を生みだす。それは否定の否定である。この否定は、私的所有を再び確立しはしないが、しかし資本主義時代の成果を基礎とする個人的所有（individuelles Eigentum）を再建する。すなわち自由な労働者の協業と土地および労働そのものによって生産された生産手段の共同占有を基礎とする個人的所有を再建する。[★43]」

ここには、一面において弁証法的歴史理論に立った資本主義批判がみられるともいえるかもしれない。しかしここにいう「個人的所有」とは、個人が自己に内属する労働を権原として生産物の所有の根拠とするというロック的「自己所有権」そのものである。しかもそれは、普遍的で超越的な人間観を是とし、それが剥奪され疎外される資本主義に対する規範的批判であり、そこから再び普遍的・超越的人間への回帰を説く近代啓蒙主義の規範理論でもある。すなわちマルクスの社会主義論は、近代自然法思想にもとづく自立的主体観と弁証法的な超越的主体観とが合体された、きわめて自存的で普遍主義的な「人間」のイデオロギーが前提に置かれているといえよう。それは広義のリベラリズムそのものである。

したがってたとえば分析的マルクス主義者のG・A・コーエンは、マルクスの価値論と搾取論には、自分の生活や自由、身体についての自己決定権を要求するリベラリズムの主体概念が前提とされていることを承認せざるをえない。他人の労働の搾取（Ausbeutung）を不正義として批判するマルクス主義は、労働者は自己の能力とその行使に対して正当な権利を持っており、またすべての人間はあらかじめ同様の権利を持つという自己所有権の原理を暗黙のうちに肯定しているというのである。[★44]

近年、マルクスの社会主義のヴィジョンを、自立した個人が自由意思によってそれぞれの財貨と能力を拠出するアソシエーションとみなす見解が有力になりつつある。[★45]それはまさに、自己の選好以前にどんな道徳的紐帯も認めず個人の自由意思によってヴォランタリーに加入し離脱できるというリベラリズムの社会契約論を、そのままマルクスの社会主義論に投影した結果ではなかろうか。じじつマルクスの労働価値説は、科学的経済理論という外観にかかわらず、依然としてそうした労働者自身による生産物の所有を正当化するリベラリズムの規範理論を内包していたのである。

この意味でマルクスの資本家的搾取批判は、皮肉にもロック的自然法を継承したノージックによる福祉国家批判、すなわち所得の再分配は自己所有権の侵害であり国家による搾取であるというリバタリアニズムと共通のコンテキストをもつものともいえよう。それは結局のところ古典的リベラリズムの左翼バージョンにとどまる。マルクス主義的な「所有の公正」による資本主義批判の限界はいまや明らかである。

そしてまた、マルクスの思想にこうした個人主義的な自由と平等を読み込もうという規範理論は、最近の分析的マルクス主義の流行へと受け継がれていくことになる。

【5】分析的マルクス主義による批判

一九八〇年代から英米を中心に、分析的マルクス主義（Analytical Marxism）と呼ばれる新しいマルクス理論グループの台頭が目を引く。[★46] それは旧来のマルクス主義のもつ弁証法に代表される曖昧で不明晰なドグマを厳しく斥け、分析哲学・数学・新古典派経済学などの最新のトゥールを積極的に活用して、マルクスの社会理論を現代欧米の主流派社会科学とも言語的対話が可能なロジックに再編していこうとするものである。

それは、G・A・コーエンが唯物史観のテーゼを、これまでの機能的説明から論理実証的な検証に耐えうる「科学」的分析装置へと改変しようとした企てに始まり、E・O・ライトによる階級構造と階級意識にかんするミクロ社会学的な経験科学的説明方法の開拓に継承されていった。しかしこの学派の最大の特徴は、現代リベラリズムの規範哲学に積極的に応答し、マルクス主義を、資本主義を批判するための規範理論として位置づけ自覚的に正義論の問題に取り組んでいる点であろう。

(1) ジョン・E・ローマー

まず、マルクスによる資本主義批判の経済理論に、旧来のマルクス主義によって無視されてきたミクロ的基礎づけを与えることを試みたのがローマーである。彼は、あらゆる個人が利用できる生産技術は同一でただ財の初期保有量が異なる社会を想定し、人間はすべて利潤と賃金の総計である所得を最大化するように行動するものと仮定する。

このモデルからローマーは線形数学を駆使して固定投入係数の生産函数を設定し、財市場と労働市場が均衡するように価格と賃金率が決定される市場では、初期保有資産額の大きい個人が他人を雇用する階級となり、初期資産額が小さくなるにつれて、諸個人は自らの資産で働いて生産する階級、次に資産をわずかにもつが労働力を売る階級、最後に資産をまったく持たず労働力を売る以外に生活の糧のない階級になることを証明する。この場合、他人を雇用する個人は、その所得によってどんな財を購入してもその財の生産に投入された労働時間は自分自身の労働時間より大きいという意味で搾取していることになり、反対に労働力を売る個人は、所得でいかなる財を購入してもその財の生産に投じられた労働時間が自分の労働時間よりも小さいという意味で搾取されていることになる。

こうしてローマーは、あらゆる資本主義社会のメンバーが不平等な資産制約のもとで競争的に最適化行動を選択するという仮定から、資産の所有状況に応じた均衡状態のもとで、雇用する人間は必ず搾取階級となり、同様に雇用される人間は必ず搾取される階級となるという結論を導き出す。すなわち、搾取は強制や瞞着によるものではなく、所与の資産制約のもとで諸個人の最適な合理的選択行為の結果である。これを証明したものが、ローマーの「階級—搾取の対応定理（Class Exploitation Correspondence Principle）」[★47]と呼ばれるものである。

それはマルクス理論から労働価値説を棄却する点では、P・スラッファーらのネオ・リカーディアンと共通する。しかしスラッフィアンによる人間主体の捨象とはまったく逆に、ローマーは、能動的に選択行為を行なう合理的個人を何よりも積極的前提に置き、こうした個人の選好行為そのものを通じて、マルクスの搾取理論の証明を企てる。それはマルクス経済学に、新古典派ミクロ理論的な根拠づけを与えるべく「方法論的個人主義（methodological individualism）」を採用する点に特徴があろう。すなわち各々の主体が自らの利益の最大化と目的の最適化行動をとることによって「パレート最適」にもとづく均衡化は達成され、搾取階級と被搾取階級の構造的な再生産がはたされるというのである。

しかもこの学派の最大の特徴は、こうした方法論的個人主義がたんなる方法論にとどまらず、資本主義に対する規範理論的な批判およびあるべき社会主義の価値理念的な青写真として扱われている点であろう。

それは方法論を超えたいわば「倫理的個人主義（ethical individualism）」というべき正義論の導入である。弁証法を詭弁論理として拒否する分析的マルクス主義は、資本主義の批判を唯物史観のような「機能的説明」で済ますわけにはいかない。社会主義はなんら法則的必然性ではなく、あくまでも資本主義社会に生きる個人の規範的選好の結果として考察されるしかない。こうしてローマーによれば、社会主義というテーマは「共同社会の感情を必要条件とせず、ただ資本主義の病弊を速やかに治癒する」ことをめざす正義論の課題そのものである。いいかえれば社会主義とは、市場経済のなかで諸個人が自由に自己利益をめざす過程で生じる利害や権利のコンフリクトをいかに回避し調整し、どのように相互の権利を保障して平等な秩序を維持するかという個々人の倫理的問題なのである。したがってローマーにとって市場という経済制度の存否それ自体は問題とならない。資本主義の弊害を社会的に制御し、個人の身体や財産を平等に保障していくように市場を編成しなおす「市場社会主義」がローマーの目標になることはいうまでもないだろう。

ローマーは市場社会主義について三つの規範的制度構想モデルを考案[★48]する。

第一のものは、労働者自主管理企業または労働者協同組合モデルである。それは利潤の最大化よりも労働者の雇用を重視するが、企業実績について銀行の融資や資本市場のエクイティ・ファイナンスからモニター・チェックを受けることで私企業としての競争的性格を維持していこうというものである。

第二のものは、すべての成人国民に株式の購入だけに利用できるクーポンを平等に配布して資本市場を形成し、利潤分配の平等化と企業効率のモニターを同時に実現する経営者管理型企業モデルである。諸企業は株式会社グループに再編され、メインバンクのモニターによって競争的に市場の効率性を活性化するとともに、諸個人はクーポンで株式を購入し企業の利益に応じた配当を保障される。それは、制度上は私有制を維持しながら実質的に生産手段の公有と所得の再配分機会の平等を達成しようというものである。

第三のものは、私的企業に対する労働組合や市民団体などの影響力を法的に承認し、実質的に企業の所有権の無力化を図るアソシエーション民主主義モデルである。すなわち株式会社の取締役会を資産保有者、雇用労働者、消費者市民の各代表が平等の比率で参加するように法制化したり、企業の海外移動の禁止や所有と経営の分離を制度化したりすることで、旧来の社会民主主義を漸次的・長期的なスパンで事実上の公有化へと接近させていくものである。

これらは、あくまでも競争的市場における人間の利潤動機という選好は不変のものと理解したうえで、労働者協同組合やアソシエーションといった個人の自由意思による社会契約、あるいはクーポンによる株式ポートフォリオの配分機会の均等化をもって、「社会主義」と称しているにすぎない。けっきょくローマーの「市場社会主義」は、ア・プリオリかつ超越的に前提とされる個人が機会の平等にもとづいて自由な競争を行ない、私的利益を最大化するために任意に「企業」または「協同組合」に参加するという社会契約論の枠組みをほとんど超えていない。

(2) ジョン・エルスター

マルクス主義の社会制度論をいっそうリベラリズムの社会契約論に接近させたのが、エルスターによるゲーム理論の導入である。リベラリズムにおいて社会契約は、もちろんローマーがモデル化したような個人単独の合理的選択行為のみによって行なわれるのではない。むしろそれは自己とともに相手方の戦略的で選択的な応答行為に依存し、両者の選好の一致点において合意としての社会契約は実現される。エルスターは、ロールズいらいの合理的個人から成る一種の自然状態を仮定し、ゲーム理論を用いて、そこからどのようにして各人の自己実現を平等に保障する社会状態が実現できるかを検討している。[★49] それは、諸個人が自由な自然状態から合意としての社会状態にいたるプロセスを思考実験ゲームによって精緻化したものといえるかもしれない。

たとえばエルスターは、こうしたゲーム理論を応用して、資本主義における個々の労働者がいかにして資本主義を批判し労働組合や協同組合あるいは地域アソシエーションを形成しそれに参加するにいたるかを考察している。彼はまず「自己」と「それ以外の他者」という複数のプレーヤーによる単純なゲームを想定する。そこでは当然にも、それぞれが組合ないしアソシエーション活動に参加して協同の利益を追求する「連帯戦略」と、協同活動に参加せず獲得された利益だけに与ろうとする「エゴイスト戦略」を採るばあいが考えられる。しかしながらこのゲームでは、個々人の利己的行為の集合として複数の当事者の支配的戦略（dominant strategy）が、ともに他者の協同行為を期待して自分は利益の分け前だけに与ろうとするエゴイスト戦略を選択する場合がありうる。すべてのプレーヤーが合理的に行動した結果、けっきょくすべてのプレーヤーに不利な状況が生じてしまう、いわゆる「囚人のディレンマ」と呼ばれる事態である。

エルスターはこの問題について二つの解法を提起する。第一は、労働者が相互的に情報交換や緊密な働きかけを行なうことによって、支配戦略ではないがほとんどの労働者が等しく「連帯戦略」または「エゴイスト戦略」を選択するというナッシュ均衡が成立する可能性である。この場合、個々の労働者は他者の行動の確実性を見越して自分の選択を変化させ、自己の行為を他者に同一化させようとする「保証ゲーム（assurance game）」と呼ばれる選択が行なわれることになる。第二は、こうした状況が無限に悪循環する場合を想定して個々人が自己利益行為を永続的に繰り返す「囚人のディレンマの無限反復ゲーム」である。そのさい個々の労働者は将来の利益の割引率を予想して、自分の得られるミニマックスを超えるどんな小さな利益でもナッシュ均衡とする割引率を認めざるをえない。これが「フォークの定理」といわれるものであり、こうした選択によりすべてのプレーヤーが「連帯戦略」を採る協力解が得られる可能性が生じるという。

エルスターはこのようにゲーム理論を用い、人間の合理的な相互行為のみにもとづいて諸個人が労働組合や協同組合あるいは地域アソシエーションに参加する確率的可能性を証明しようとした。

しかしここで留意すべきは、この理論はあくまでも自己利益を追求する個々人の行為の繰り返しが、しっぺ返し戦略によるナッシュ均衡として結果的に協力解に帰着する蓋然性がありうることを主張するにとどまる点であろう。それはけっして、資本主義市場経済のもとで対立し競争している諸個人が資本主義を否定し協力的な社会をつくる根拠を説いたものではない。その社会主義形成論は、どこまでも利己的な行動原理を維持し自己利益を最大化しようとする個人の自由を最大限に尊重し、自己の目的を実現するための対他戦略であり手段であり道具にとどまることになる。

ここにはこの学派が、旧ソ連型の集権国家や社会民主主義的な福祉国家の双方に共通する国家権力の肥大化を批判し、個人の自由な社会契約による「アソシエーション民主主義」の追求を規範的理念としていることが端的に見て取れよう。すなわち現代リベラリズムの説く個々人の自由な選好と合意を前提として、資本主義市場の中に共同的なボランティア団体や労働者の協同組合を形成し、保健・教育・医療などの社会的機能や公共的目的にかかわる事項を、可能なかぎり国家から分権化し自立し自主管理される民主的アソシエーションに委譲していく方向である。こうして彼らは、こうしたアソシエーションの相互連帯と国際化によって、内部のメンバーの不安定と不平等、外部に対する排他的競争主義といった弊害を克服し、開放的かつ民主的でグローバルな規模をもつ市場社会主義が実現できる可能性をきわめてオプティミスティックに説くことになる。

だが個々人が私的利害と自由意思によって参加し離脱できる自由な恣意によるアソシエーションが、なぜ何時でも取替え可能な偶発的サークルではなく、倫理的で秩序のある共同体的な社会でありうるのかは、こうしたゲーム理論的選好によっては、けっきょく説明できないままである。それはまさにリベラリズムの社会契約論という仮想物語であり、個人の自由な選好の最優先化という意味においてはロールズ的なリベラルより以上に、ある種の左翼リバタリアニズムないしアナルコ・キャピタリズムに接近しているようにさえ思われるのである。

（3）リチャード・J・アーヌソン

こうして分析的マルクス主義は、資本主義における合理的で利己的な個人というリベラリズムの前提を継承し、こうした主体がどのようにして各人の自由な自己実現を保障しうる共同社会を構築するのかという、社会契約論のパラダイムにおいて社会主義の課題を考察することになる。

すでに現代リベラリズムにおいては、それ以前の全体効用の最大化をめざす功利主義を批判して、自由な個人を前提としつつ公正な分配を追及する社会契約論をふまえた平等主義の規範理論が豊富に蓄積されていた。先にみたように、たとえばロールズは、社会的基本善の配分についてたんに「平等な自由原理」にとどめず「公正な機会均等原理」やさらには「格差原理」の導入を提唱していたし、ドゥウォーキンは、平等な配慮と尊敬の権利にもとづいて「効用の平等」とそれを超える「資源の平等」を提案していた。さらにセンは、基本善の平等にとどまらず人間の内的資産としての「基本的潜在能力の平等」を主張していた。この点は左翼リバタリアニズムにも当てはまるといえよう。たとえばH・スタイナーは、土地・不動産など譲渡可能な生産的資産である「外的資産」については、個々人の人生の最初期に平等に配分することを提案するが、個人の才能・選好など人格に内属する譲渡不可能な生産的「内的資産」については、国家権力がその配分に干渉することを許さず、それ以降の人生において発生する不平等は外的資産の運用を含めて自己責任の問題として自由放任が正当化された。これらは、善の選択をあくまで個人の判断にゆだねるというリベラリズムのスタンスを維持したうえで、これを保障する正義の条件をできるかぎり平等化しようという試みであったといえよう。

分析的マルクス主義は、これらリベラリズムの平等主義的倫理や正義の規範を市場社会主義的に精緻化するに際し、あらためて平等に配分されるべき基本善とは何か、平等な自由とはいかなるものかという根本的問題を再検討せざるをえなくなる。こうした分析的マルクス主義の規範的平等論を代表するのが、R・J・アーヌソンであろう。アーヌソンは、たんに外的資産の平等だけではなく、個人の自己実現や意思決定の機会の平等という問題に真正面から取りくむことで、リベラリズムを内在的に乗り越えようと試みる。

彼は、左翼リバタリアンはいうにおよばず、ロールズの「基本善の平等」論やドゥウォーキンの「資源の平等」論にはなお、個人の選好の形成は本人のコントロールが可能なのだからその効用は自己の責任の範囲内にあるという暗黙の前提があると批判する。また逆にセンの「基本的潜在能力の平等」論についても、本人の選好を離れて必要な能力を判定することはある種のパターナリズムであり、そもそも不可能なことであると批判している。アーヌソンによれば、能力や選好の形成には、本人の責任ではどうにもならない非自発的な社会的・環境的要因が存在しており、それゆえ能力や選好についても一定の補償の対象と考えねばならないという。

こうしてアーヌソンは、平等の対象は効用か資産か、平等化の方法は直接的平等か機会の平等かと自問する。その結果、資産の平等は有能者の奴隷化を避けられず、直接的平等は本人の自発的選択権を侵害するというリベラリズムのスタンスを承認し、これを受け継いで独自の「効用の機会の平等（equality of opportunity for welfare）」を提唱することになる。すなわち、完全情報のもとで十分な配慮をもって利己的な選好が可能であるという条件においては、あらゆる人間が人生の出発点において複数の選択肢からなる進路にかんする決定樹（decision tree）に直面しているという。決定樹はどんなライフプランおよび選好を持つようになるかにかんする異なるパスの集合であり、各パスは決定樹のルーツから出発し最終ノードで終わる。初期パスは一つの籤であり、その後に続く人生の枝の選択はすべて自然手番で決定される。それゆえ、この決定樹にたいして選択の期待値はすべて等価であり、各人は平等な決定権に直面していることを意味するのである。

したがってアーヌソンは、任意の個人が実際に等価の決定樹に直面できるように譲渡が可能な資源を配分するとき、「効用の機会の平等」が実現されるという。それゆえ正義論の目標は、個人による統制が可能であり個人がその帰結に対して責任を負うべき効用と、個人の統制を超えた個人が責任を負う必要のない効用とを区別し、後者にもとづく機会の不足のみを社会が補償すべきだということになる。★50

もっともこれに対しては、分析的マルクス主義の内部からコーエンによる批判もある。コーエンはアーヌソンの「効用の機会の平等」論に対して、配慮の対象がなぜ効用だけであり、対象への接近方法がなぜ機会に限定されねばならないのかという疑問を発し、自らは「利益へのアクセスの平等（equality of access to advantage）」を提唱している。利益という概念によって、本人の自発的選択によらない効用と資源の双方を包括する領域を対象とし、またアクセスという概念によって、機会はあるが意思決定の能力の欠如しているケースを平等の範囲に含め、「平等」概念のいっそうの拡充が図れるというのである。それはたしかにリベラルな平等論のいっそうの徹底ではあろう。

だがしかし、それではこれらの分析的マルクス主義の「市場社会主義」が、いわゆる平等主義リベラルではなく、なおマルクス主義であるといえる理由はどこにあるのだろうか。

ロールズの「公正な機会均等原理」やドゥウォーキンの「資源の平等」あるいはセンの「基本的潜在能力の平等」と、アーヌソンの「効用の機会の平等」あるいはコーエンの「利益へのアクセスの平等」との間にある差異はそれほど大きくない。それらはけっきょく、「自然状態」「原初状態」ないしは「初期条件」と呼ばれるスタートラインにおける「平等」モデルの想定の仕方の違いであり、そしてそこからこぼれた社会的弱者に対するセーフティネットの張り方の違いにすぎない。こうした初期条件を実験主義的・設計主義的に仮設したのち、その後の展開を原則的に市場の自由な競争にゆだねる点についてはほとんど変わりないと言ってよいだろう。また、不遇な人々に対する財の再配分についてもロールズでさえ「格差原理」を準備しているのである。じじつローマー自身が、ロールズらリベラルは古典的マルクス主義よりはるかに活発に功利主義批判を展開していることを認めており、こんにち分析的マルクス主義と平等主義リベラルとを分かつ決定的差異はなくなり、両者の境界線は曖昧であると率直に告白せざるをえないのである。

いまや分析的マルクス主義の主張する「市場社会主義」は、リベラリズムの一亜流としてのリベラル・ラディカリズムに分類されて然るべきであろう。

【6】支配・従属説による批判

さて、こうした社会契約説にもとづくリベラリズム的規範理論を離れても、資本主義に対する正義論的批判は最終的に可能であるかもしれない。これまでの規範理論が財＝善の分配をめぐる不公正批判であったのに対して、人間の人間に対する直接的で権力的な支配に対する批判がいまだ不問に付されているからである。じじつマルクスの理論にはそうした観点からする資本主義批判が随所にみられる。

もちろん、市場経済的な流通ないし商品交換こそが自由で平等な個人の存立を可能にすることは、近代リベラリズムの理論家と同様にマルクス自身も承認せざるをえないところであろう。マルクスは『資本論』第一巻第二編第三節「労働力の売買」の末尾において、ややシニカルに次のように述べる。

「労働力の売買が、その限界のなかで行なわれる流通または商品交換の部面は、じっさい天賦の人権のほんとうのユートピアであった。ここで支配しているのは、ただ自由、平等、所有、そしてベンサムである。自由！なぜならば、ある一つの商品たとえば労働力の買い手も売り手も、ただ彼らの自由な意思によって規定されるだけだから。彼らは、自由な、法的に対等な人格として契約する。契約は彼らの意思がそれにおいて一つの共通な法的表現を与えられる最終結果である。平等！なぜならば、彼らは、ただ商品占有者として互いに関係し合い、等価物と等価物を交換するのだから。所有！なぜならば、どちらもただ自分のものを処分するだけだから。ベンサム！なぜならば、両者のどちらにとっても、係わるところはただ自分のことだけだから。[★51]」

この意味ではたしかに、資本主義的市場経済だけが諸個人の自由な合意による社会の編成を可能にする唯一の「自然法的自由」の世界である。しかしながら資本主義は流通過程だけで成り立っているわけではない。マルクスはこの流通過程を離れ、次の生産過程論を展開するに際して、すぐあとでこう述べる。

「いまこの部面（流通）を去るにあたって、われわれの登場人物の顔つきは、見受けるところ、すでにいくらか変わっている。さっきの貨幣占有者は資本家として先に立ち、労働力の占有者は彼の労働者としてあとについて行く。一方は意味ありげにほくそえみながら、せわしげに、他方はおずおずと渋りがちに、まるで自分の皮を売ってしまってもはや革になめされるよりほかになんの望みもない人のように。[★52]」

いうまでもなく資本主義における流通過程は社会の全表層を蔽い尽くすかにみえる。しかし資本主義市場経済は、その内部に労働＝生産過程をもつことで初めて一社会体制として完成するのである。この資本の生産過程こそは自由・平等とまったく対極的な別の原理、すなわち直接的な支配・従属の関係によって編成されている。生産過程の内部では分業による協業が目的意識的に組織され、資本家あるいはその代理人である経営者による指揮・監督の管理行為が生じ、労働者は時間単位で身体を拘束され従属労働を強いられる。マルクス主義の規範理論は、こうした生産過程に代表される資本主義のあらゆる支配・従属を批判するのに有効ではないかという議論が成り立つかもしれない。

じじつこうした視点をふまえ、生産過程の自主管理理論に始まりジェンダー、エコロジー、地方自治・反戦平和などにいたるまで、市場の自由・平等を逆手に取って社会のあらゆる領域に反権力的な民主主義の理念を拡大し徹底していこうという主張が、ポスト・マルクス主義として登場している。E・ラクラウとC・ムフあるいはW・E・コノリーらによるラディカル・デモクラシー理論★53が、そのひとつの表現であろう。

たしかに、生産過程における従属労働は、労働力が商品化される資本主義の必然的帰結であるようにみえる。なるほど近代労働者は、身分的な拘束からも生産手段の所有からも「二重の意味で自由」であるがゆえに、その所有する唯一の商品である労働力を資本家の購買にゆだねる。しかも労働力という商品は売り手の身体と不可分であるため、みずから時間単位の賃金奴隷となる以外に生活の術がない。こうした生産過程のあり方は、あらゆる支配・従属や不自由・不平等の根幹をなすものであり、階級社会としての資本主義批判の最後の拠り所であるように思われるかもしれない。

しかしながらマルクス自身がいうように労働＝生産過程の編成それ自体は、「一般的にあらゆる社会に共通な」性格をもっている点にも留意すべきだろう。

「使用価値または財貨の生産は、それが資本家のために資本家の監督のもとで行なわれることによっては、その一般的性質を変えるものではない。それゆえ労働過程はまず第一にどんな特定の社会的形態にもかかわらず考察されなければならない。」

「あらゆる比較的大規模の直接に社会的または協同的な労働は、多かれ少なかれ一つの指図を必要とするのであって、この指図によってのみ個別的諸活動の調和が媒介され、生産体の各器官の運動とは異なった生産体全体の運動から生じる一般的諸機能が達成されるのである。それは、単独のバイオリン演奏者は自分自身を指揮するが、一つのオーケストラは指揮者を必要とするのと同様である。★54」

この意味ではT・パーソンズらの社会システム論が説くように、いかなる社会であれ、生産過程の分業・協業による編成は、外的環境にたいする関係の維持と内的な機能要素の統合、および組織の要求充足への志向と目的を実現する手段の確保にもとづいて、適応（adaptation）／目標達成（goal-attainment）／統合（integration）／潜在性（latency）の四機能を単位とし、かつその下位システムもまた同様にフラクタルな機能に分化せざるをえない。

またM・ヴェーバーは、あらゆる複雑で規模の大きい労働＝生産組織を維持するには、フォーマルに制定された規則の体系、権威と権限のヒエラルヒー、地位と役割の非人格性、専門的な指揮・

統率と職務命令への服属といった特徴をもつ官僚制（bureaucracy）と呼ばれるシステムの編成が不可欠となると主張するのである。[55]

もちろん生産過程のＡＧＩＬ図式や官僚制による機能合理的な組織化は、組織目的を達成する手段にすぎない制度が自己目的と化してしまう可能性や、職務上の義務が個々の労働者を「生命のある歯車」にしてしまうといったいわゆる「人間疎外」の問題を生じさせる可能性を否定できないかもしれない。じじつＧ・ルカーチやＨ・マルクーゼは、これらの問題の根拠をマルクスの「疎外された労働」論に求め、資本主義批判の中軸に据えた。

しかしながらその後のＭ・シーマンやＲ・ブラウナーの社会心理学は、生産過程において生じる労働者の無力（powerless）・無意味（meaningless）・無規範（normless）・隔離（isolate）・自己離反（self-estrange）などの感覚が、階級社会としての資本主義の必然的属性というよりも、むしろ大規模な人為的集団が共通にもつ「組織と個人の軋轢」一般の問題であることを明らかにした。[56]すなわち自己と他者の関係が隔離され親密性を欠く組織体においては、個々人は組織全体に対する自己の位置を的確に認知しえず、自己の行為の無力性と存在の無意味性に必要以上に苛まれることになる。このことは、こうした社会病理的現象が資本主義諸国と同じく、あるいはそれ以上に、旧ソ連の設計主義的計画経済において顕著であったことからも実証されたといってよいだろう。

むしろ逆に資本の生産過程は、流通形態に包含されることで、こうした組織体のもつ病理をいくらかなりとも緩和させるといえるかもしれない。資本主義的市場経済は、諸資本の競争をつうじて賃金とともに労働者の労働条件を絶えず変化させる。市場メカニズムは労働者を企業間において移動させるとともに、各企業の生産ヒエラルヒーの内部でもその役割をフレキシブルに代替可能にする。このかぎりでは資本の生産過程は、アイロニカルにも分業と協業を流動化して職人的専門性や熟練技能を不要にし、その担い手をいつでも誰とでも代替できる平等な匿名者とすることで、その編成の合理性や公正性を担保しているといえる。この意味において、生産過程における階級支配や分業の固定論は、組織社会一般の批判にはなり得ても、資本主義そのものに対する批判としては当を得ていないというべきであろう。

付け加えておけば、一九世紀末以降における株式会社企業の発展は、企業所有者としての資本家と企業経営者を分離させる傾向を徹底させた。さらに二〇世紀の中葉以後は、大企業において株式の法人所有や機関所有、利潤の社内留保を増大させ、生産手段を所有する自然人資本家の役割をほとんど消滅させたといってよい。

生産ヒエラルヒーにおいて頂点に立つ経営者は単なる専門職労働者にすぎず、その支配権も一般労働者の社内昇進や前任者からの禅譲にもとづくものであり、それゆえヴェーバーが説くように「支配の正統性」は、ほかならぬ被支配者としての労働者自身の支持によって支えられているのである。したがって生産過程に代表される支配・従属関係は、資本主義に固有の階級支配とはいえず、むしろ社会集団の内部関係が地位（status）と役割（role）によって組織されるところでは多かれ少なかれ生じる、職務的決定権（leadership）の設定とその段階的な権限委譲にもとづく職位の階層的編制（positional-stratum）の例証を意味するにすぎないといえよう。

この意味において、資本主義の流通ないし交換過程が生み出した自由・平等の理念を、生産過程をはじめとする社会の全領域に拡張しようというラディカル・デモクラシーの戦略は、根本的に無理な要求であったといわざるをえない。そもそも市場経済のメカニズムとその規範だけで一社会をトータルに編成することは不可能であり、そうした空想は一種の左翼リバタリアニズムであると断ぜざるをえないであろう。

いまや社会における支配・従属の関係をいっさい不平等で不合理的なものとしてステレオタイプに批判する理想主義的なリベラリズムが、現実的にも思想的にも有効性をもたないことが明白となったのである。

結論　批判理論の失敗

こうしてわれわれは、資本主義に対する、社会ダーウィニズムや唯物史観につらなる歴史理論的批判と同様に、リベラリズムおよびその亜流として位置づけられるマルクス主義による規範理論的批判は、すでにその有効性を完全に喪失していると結論せざるをえない。

それゆえ、次に、これまでの資本主義理解＝批判とはそのベクトルの方向をまったく異にする、新たな「批判理論」のあり方が模索されねばならないのである。

（1）加藤正「理論の党派性の問題並びに党派性イデオロギーに就いて」『加藤正全集第一巻』現代思潮社、一九六二年。なお加藤らの客観的・非階級的科学観を擁護するものとして、降旗節雄『科学とイデオロギー』降旗著作集 第一巻、社会評論社、二〇〇一年、Ⅰの四章 もある。

（2）現代の科学哲学の概観として cf. D.Papineau,ed., *The Philosophy of Science*, Oxford Univ.Press, 1966.

（3）コントやスペンサーの社会ダーウィニズムと、ヘーゲルやマルクスの弁証法的社会進化論が、等しくテュルゴーとコンドルセに始まる西欧啓蒙主義の「進歩の観念」に基づいている点について、市井三郎『歴史の進歩とは何か』岩波書店、一九七一年 を参照されたい。

（4）H.W.Koch, *Der Sozialdarwinismus. Seine Genese und seine Einfluss auf das imperialistische Denken*, Verlag C.H.Beck, 1973, S.6.

（5）社会ダーウィニズムの両義性について、保住敏彦『社会民主主義の源流』世界書院、一九九二年、第二部二章 を参照。

（6）F.Engels, *Der Ursprung der Famile, des Privateigentums und des Staats*, MEW. Bd.21,SS.27-28. マルクス＝エンゲルス全集、大月書店、第二一巻、二七ページ。

（7）P.Gay, *The Dillemma of Democratic Socialism–Eduard Bernstein's Challenge to Marx*, Collier Books, 1962. p.87. 長尾克子訳『ベルンシュタイン――民主社会主義のディレンマ』木鐸社、一九八〇年、一〇四ページ。

（8）一般に「二種類の生産論争」あるいは「種の繁殖論争」と呼ばれる。唯物史観一元論派としてH・

クノー、I・V・スターリン、V・スヴェトロフ、M・ミーチンが挙げられ、二元論支持派としてM・カウツキー、G・W・プレハノフがいる。この論争は一九六〇年前後に日本でも継承され、反エンゲルス派として柳春生、青山道夫、江守五夫が、エンゲルス支持派として今中次麿、三浦つとむ、田中吉六、黒田寛一らが、それぞれ論陣を張った。

（9）E.O.Wilson, *On Human Nature*, Harvard Univ.Press,1978. 岸由二訳『人間の本性について』思索社、一九八〇年。R.Dawkins, *The Selfish Gene*, Oxford Univ.Press, 1989. 日高敏隆ほか訳『利己的な遺伝子』紀伊国屋書店、一九九一年。J.Maynard-Smith, *Evolution and the Theory of Games*, Cambridge Univ. Press, 1982. 寺本英也ほか訳『進化とゲーム理論』産業図書、一九八五年。なお進化経済学会編『進化経済学とは何か』有斐閣、一九九八年も参照。

（10）S.J.Gould, The meaning of punctuated equilibrium and its role in validating a hierarchical approach to macroevolution, R.Milkman ed., *Perspectives on Evolution*, Sunderland, MA, Sinauer Associates, 1982, pp.83-104. なお山際直司「進化論と社会哲学——その歴史・体系・課題」柴谷篤弘ほか編『講座進化2—進化思想と社会』東京大学出版会、一九九〇年、一九六〜二三六ページを参照。

（11）弁証法の歴史について廣松渉『弁証法の論理』青土社、一九八〇年を参照。またマルクスの資本論をヘーゲルの弁証法とのアナロジーにおいて解読する研究は戦後資本論研究の主流であった。たとえば武市健人『ヘーゲル論理学の体系』岩波書店、一九五〇年や梯明秀『資本論の弁証法的根拠』有斐閣、一九五三年などがこの代表的研究であろう。

（12）K.Marx, *Das Kapital I*,*MEW*, Bd.23, SS.790-791. マルクス＝エンゲルス全集、第二三巻、九九四〜九九五ページ。

(13) パルヴス、ヒルファディング、ボブソンからレーニンにいたる帝国主義論のロジックについて、降旗節雄『帝国主義論の系譜と論理構造』降旗著作集 第三巻、二〇〇三年、Ⅱ部 を参照。

(14) ポパーによるマルクス主義の歴史の法則化に対する批判として、H.Albert, Der kritische Rationalismus, Karl Poppers, *Archiv für Rechts-und Sozialphilosophie*, 46, 1960. 碧海純一訳「カール・ポパーの批判的合理主義」『批判的合理主義』ダイヤモンド社、一九七四年。

(15) たとえば関根友彦『経済学の方向転換』東信堂、一九九五年、第六章。清水正徳「自己疎外」『自己疎外論から「資本論」へ』こぶし書房、二〇〇五年 が典型であろう。

(16) 大内力の複線型段階移行論について『大内力経済学大系 第一巻 経済学方法論』東京大学出版会、一九八〇年、二九〇～三〇二ページ を参照。降旗節雄の生産力史観的な段階論について、『宇野経済学の論理体系』降旗著作集第二巻、二〇〇二年、Ⅱの第二章、Ⅲの第三章 を参照。また近年、馬場宏二、加藤栄一、柴垣和夫、R・アルブリトンらが宇野の段階論の再構成を行ない、そのほか伊藤誠の逆流する資本主義論、横川信治の超国籍資本主義論、新田滋の超資本主義論など新たな現代資本主義論が登場している。これらに共通する目的論的な進歩史観をあからさまに肯定するものとして、松本和日子『過渡期世界経済論の課題と方法――マルクス・宇野経済学の再構築とグローバル・ソーシャリズム史観』学文社、二〇〇二年 もある。

(17) 正統派の古典として宇佐美誠次郎、井上晴丸『危機における日本資本主義の構造』岩波書店、一九五一年。構造改革派の古典として今井則義『日本の国家独占資本主義』合同出版、一九六〇年。宇野学派の古典として大内力『国家独占資本主義』東京大学出版会、一九七〇年 が挙げられる。

(18) M.Hardt and A.Negri, *Empire*, Harvard Univ.Press, 2000.『〈帝国〉』水嶋一憲ほか訳、以文社、二〇〇三

年を代表として、帝国とマルチチュードに関する文献は無数にある。たとえば「進化論的唯物史観」なる観点から、国家独占資本主義や福祉国家を批判し、グローバリゼーションと新自由主義を歴史の進歩として評価する典型として、松尾匡『近代の復権――マルクスの近代観から見た現代資本主義とアソシエーション』晃洋書房、二〇〇一年、第六章を挙げておく。

(19) 榎本正敏編『21世紀 社会主義化の時代――過渡期としての現代』社会評論社、二〇〇六年。なお、経済のサービス・情報化に社会主義の展望を見いだす議論は、岡本磐男『新しい社会経済システムを求めて――情報社会主義を構想する』世界書院、二〇〇五年などにもみられる。

(20) 近年、グローバリゼーションへの収斂説に対して資本主義の制度的多様性を主張する論者は多い。たとえば、レギュラシオン派のB.Amable, *The Diversity of Modern Capitalism*,2003. 山田鋭夫ほか訳『五つの資本主義――グローバリズム時代における社会経済システムの多様性』藤原書店、二〇〇五年は、アメリカ的市場ベース型にアジア型、大陸欧州型、社会民主主義型、地中海型を対置しているし、C.Hampden-Turner and A.Trompenaars, *Seven Cultures of Capitalism*, 1993. 上原一男ほか訳『七つの資本主義』日本経済新聞社、一九九七年は、比較制度分析の視点から現代資本主義を七タイプに分類している。しかしながら分類の基準を社会学的な文化や慣習の違いに求めるなら、無数の類型化が可能であり、それがなんらグローバル資本主義への批判や対抗理念たりえないのは明白である。

(21) T.Parsons, *The Social System*,1951. 佐藤勉訳『パーソンズ 社会体系論』現代社会学大系一四巻、一九七四年。

(22) たとえば、L・アルチュセール『資本論を読む』ちくま学芸文庫、一九九六年、三四二ページ。P・マシュレ『ヘーゲルかスピノザか』鈴木一策、桑田禮彰訳 新評論、一九八六年。またこれらの検討として、的場昭弘『ポスト現代のマルクス――マルクス像の再構成をめぐって』御茶の水書房、二〇〇一年、第六、七章を参照。

（23）私見ではスピノザの推論の方法は、マルクスやネグリよりもむしろ宇野弘蔵に適合的であるように思われる。宇野『経済政策論』がスピノザ『エチカ』の編別構成に倣ったことを示す資料として、宇野弘蔵「経済政策の起源および性質について」『東北帝国大学経済学会会報（研究年報経済学第二号付録）』一九三六年がある。なお、この資料の解説として降旗節雄『帝国主義論の系譜と論理構造』降旗著作集第三巻、二〇〇三年所収の「解題」を参照されたい。

（24）たとえば特集「新カント派」『理想』六四三号、一九八九年を参照。

（25）アリストテレス『ニコマコス倫理学』アリストテレス全集第一三巻、加藤信朗訳、岩波書店、一九七三年、一五一～一六七ページ。Cf. K.Marx, *Das Kapital I*, *MEW*. Bd.23, SS.73-74. 全集、第二三巻、七九～八一ページ。なおアリストテレスの「五台の寝台＝一軒の家」という等式は、共通の尺度として労働ではなく、右辺の家をそのまま貨幣形態とみなしている点において、すでにマルクスの価値形態論を凌駕しているとも言いうる。この点について本書第Ⅱ部2の〔1〕（1）価値形態を参照されたい。また岩田靖夫『アリストテレスの倫理思想』岩波書店、一九八五年。稲垣良典『トマス・アクィナス倫理学の研究』九州大学出版会、一九九七年も参照。

（26）C.B.Macpherson, *The Political Theory of Possessive Individualism; Hobbes to Locke*, Oxford Univ.Press, 1962. p.215ff. 柴田孝好『近代自然法国家理論の系譜――ホッブズからルソー・カントへ』論創社、一九八六年、第ⅠⅡ部を参照。

（27）J.Locke, *Two Treaties of Government*, chap.5, sec.27. 宮川透訳「統治論」『世界の名著二七巻』中央

公論社、一九八〇年、二〇八ページ。なおロックの自己所有権テーゼの詳しい検討として、森村進『ロック所有論の再生』有斐閣、一九九七年がある。

(28) ロールズ、ドゥウォーキン、センら平等主義リベラルと、ノージック、フリードマンらリバタリアンの両者の論争を中心に功利主義、マルクス主義、コミュニタリアニズム、シティズンシップ論、多文化主義、フェミニズムなどとの関係を見通し良く整理した著作として、W.Kimlicka, *Contemporary Political Philosophy: An Introduction*, Second Edition, 2002. 千葉眞ほか訳『新版現代政治理論』日本経済評論社、二〇〇五年。および井上達夫『共生の作法――会話としての正義』創文社、一九八六年。盛山和夫『リベラリズムとは何か』勁草書房、二〇〇六年を挙げておく。

(29) J.Rawls, *A Theory of Justice*, Harvard Univ. Press, 1971. 矢島釣次訳『正義論』紀伊国屋書店、一九七九年。なおこの検討として川本隆史『ロールズ――正義の原理』講談社、一九九八年。渡辺幹雄『ロールズ正義論の行方』春秋社、二〇〇〇年を参照。

(30) R.Dworkin, *Taking Rights Seriously*, Harvard Univ. Press, 1977. 木下毅・小林公ほか訳『権利論』木鐸社、一九八六年。なお小林良幸『リベラルな共同体――ドゥオーキンの政治・道徳理論』勁草書房、二〇〇二年、第三部を参照。

(31) A.Sen, *Commodities and Capabilities*, North-Holland,1985. 鈴木興太郎訳『福祉の経済学――財と潜在能力』岩波書店、一九八八年。Cf. A Sen, *On Economic Inequality*, Clarendon Press, 1973. 杉山武彦訳『不平等の経済理論』日本経済新聞社、一九七七年。なお鈴木興太郎・後藤玲子『アマルティア・セン――経済学と倫理学』実教出版、二〇〇一年を参照。

(32) R.Nozik, *Anarchy, State,and Utopia*, Basic Books, 1974. 嶋津格訳『アナーキー・国家・ユートピア（上・

下)』木鐸社、一九八五・八九年。Cf. J.Wolff, *Robert Nozik: Property,Justice and the Minimal State*, Polity Press,1991. 森村進・森村たまき訳『ノージック――所有・正義・最小国家』勁草書房、一九九四年。

(33) D.Friedman, *The Machinery of Freedom, Guide to a Radical Capitalism*, Open Court,1989. この紹介として、尾近裕幸「経済的リバタリアニズム」有賀誠ほか編『ポスト・リベラリズム』ナカニシヤ出版、二〇〇〇年 参照。

(34) 加藤尚武編『ヘーゲル「精神現象学」入門』有斐閣、一九九六年。石塚正英編『ヘーゲル左派』法政大学出版局、一九九二年 などを参照。

(35) K.Marx, *Ökonomisch-philosophische Manuskripte*, *MEW*, Ergänzungsband, erster Teil, SS.523-529. 全集 第四〇巻、四四三~四五〇ページ。なお梅本克己「初期マルクスにおける疎外論の構造」現代の理論 一九七〇年一〇月~七一年三月号 を参照。

(36) 廣松渉『マルクス主義の成立過程』至誠堂、一九七四年、五五~七八ページ。同『マルクス主義の地平』勁草書房、一九六九年 第八章。L・アルチュセール『マルクスのために』平凡社、一九九四年「今日的時点」などを参照。

(37) マルクス/エンゲルス、廣松渉編訳・小林昌人補訳『新編輯版 ドイツ・イデオロギー』岩波文庫、二〇〇二年、六三~六五ページ。

(38) 見田宗介『価値意識の理論』弘文堂、一九六六年。大江精志郎『哲学的価値論の研究』理想社、一九六七年 を参照。

(39) 田中正司『アダム・スミスの倫理学』御茶の水書房、一九九七年。

(40) 蛯原良一『所有論の歴史』世界書院、一九八六年。同『リカード派社会主義の研究』世界書院、

一九九四年 を参照。

(41) K. Marx, *Misère de la philosophie, Réponse à la philosophie de la misère de M.Proudhon, MEW*. Bd.4, S.98. 全集 第四巻、九六ページ。F.Engels, Vorwort, *Das Kapital II, MEW*, Bd.24, S.20 同二四巻、二一ページ。

(42) K.Marx, *Das Kapital I*,MEW,Bd.23,SS.609-610. 同二三巻、七六〇ページ。

(43) *A.a.O.*, S.791. 同巻、九九五ページ。

(44) G.A.Cohen, *Self-ownership,World-ownership, and Equality*,Cambridge Univ. Press, 1995. chap. 9. 松井暁・中村宗之訳『自己所有権・自由・平等』青木書店、二〇〇五年、九章。

(45) P.Hirst, *Associative Democracy, New Forms of Economic and Social Governance*, Polity, 1994. J.Cohen and J.Rogers et al., *Associations and Democracy*, Verso,1995. 日本でも、田畑稔『マルクスとアソシエーション——マルクス再読の試み』新泉社、一九九四年 など、アソシエーション理論はマルクス主義の主潮流になりつつある。

(46) 分析的マルクス主義の紹介・検討として、高増明・松井暁編『アナリティカル・マルキシズム』ナカニシヤ出版、一九九九年。T.Mayer, *Analytical Marxism*, Sage Pablications,1994. 瀬戸岡紘監訳『アナリティカル・マルクシズム——平易な解説』桜井書店、二〇〇五年 がある。

(47) J.E.Roemer, *A General Theory of Exproitation and Class*, Harvard Univ. Press, 1982. Rational Choice Marxism, *Analytical Marxism*, ed., Roemer, Cambridge Univ. Press, 1986. なお、スラッファーとローマーの方法的差異について、石塚良次「マルクス経済学のマイクロ・ファウンデイション」専修大学社会科学研究所月報三一三号、一九八九年 が参考になる。

(48) J.E.Roemer, *A Future for Socialism*, Harvard Univ. Press, 1994, chap.4-9. 伊藤誠訳『これからの社会主義』

青木書店、一九九七年、四二〜一〇八ページ。この紹介として伊藤誠ほか編『マルクスの逆襲——政治経済学の復活』日本評論社、一九九六年、第一二章 を参照。

(49) J.Elster, Marxism, Functionalism, and the Game Theory, *Theory and Society*, vol. 11, no.3, pp.453-482. Further Thoughts on Marxism, Functionalism, and the Game Theory, *Analytical Marxism*, op.cit., pp.202-220. なお、高増明「分析的マルクス主義の方法論」『大阪産業大学論集 社会科学編』一〇三号、一九九六年も参照。

(50) R.J.Arneson, Equality and Equal Opportunity for Welfare, *Philosophical Studies*, vol. 56, no.1,pp.77-93. G.A.Cohen, On the Currency of Egalitarian Justice, *Ethics*, vol. 99, no.4, pp.906-944. この論争について、松井暁「分析的マルクス主義の社会システム論(3)」『富山大学経済論集』四三巻一号、同「社会システムの倫理学：所有・福祉・平等」『アナリティカル・マルキシズム』前掲 が参考になった。

(51) K.Marx, *Das Kapital I*,*MEW*, Bd.23, SS.189-190. 全集 第二三巻、二三〇ページ。

(52) *A.a.O.*, S.191. 同二三一ページ。

(53) E.Laclau and C.Mouffe, *Hegemony and Socialist Strategy*,Verso,1985. 山崎カヲルほか訳『ポスト・マルクス主義と政治』大村書店、一九九二年。W.E.Connolly, *Identity / Difference*, Cornell Univ.Press, 1991. 杉田敦ほか訳『アイデンティティ／差異』岩波書店、一九九八年 などを参照。

(54) K.Marx, *A.a.O.*, S.192, S.350. 全集 第二三巻、二三三、四三四ページ。

(55) T.Parsons and N.J.Smelser, *Economy and Society*,1956. 富永健一訳『経済と社会ⅠⅡ』岩波書店、一九五八年、五九年。M.Weber, *Soziologie der Herrschaft*, *Wirtschaft und Gesellschaft*, 1921. 世良晃志郎訳『支配の社会学Ⅰ』創文社、一九六〇年。

（56） M.Seeman, On the Meaning of Alienation, *American Sociological Review,23,* pp.783-791, 1959. 馬場明男ほか訳『疎外の意味について　疎外の実証的研究』大学教育社、一九七七年。R.Blauner, *Alienation and Freedom,*1964. 佐藤慶幸監訳『労働における疎外と自由』新泉社、一九七一年　などを参照。

第Ⅱ部●資本主義批判の方向転換

はじめに

第Ⅰ部では、まず歴史理論的な資本主義批判の破綻を確認し、つづいてロックらの古典からロールズに始まる現代正義論の諸潮流にいたるまで、多様なリベラリズムやマルクス主義の規範理論を検討してきた。

それらは共通して、独立した自由な主体からなる自然状態を最初に想定し、リベラリズムではその合意によって、マルクス主義ではそうした主体の自己展開によって理想的な社会制度の形成を展望するものであった。その際、ロック的「自然状態」やロールズ的「原初状態」の想定と、マルクス主義の規範理論における「人間の本質」あるいは現代の分析的マルクス主義における「人間の初期条件」の仮想などは原理的に同一の位置にあるといえよう。それらは、現代社会ないし資本主義に批判的に対峙する規範的社会モデルにおいて、等しく普遍主義的な理想の理念を先取りするものとして設定されていたからである。

第Ⅱ部においては、こうしたリベラリズムやマルクス主義の規範的モデルが、けっきょく資本主義に対する批判理論たりえず、むしろ、現代資本主義がつくりだしたアトム的個人とその契約による社会というフィクションを擁護し補強するイデオロギーとして機能していることを確認したいと思う。そして次に、こうしたリベラリズムその他の規範理論を超え、資本主義を真正面から批判するためのオルタナティヴな理論を提示したいと思う。それはまさに、現代資本主義に対して既存の「批判理論」とまったく異なった、いわば「コミュニタリアン・マルクス」とでもいうべき批判の視点を提示するものとなるはずである。

1●規範理論的「批判」のメタ批判

【1】カントとリベラリズム

まずリベラリズムの規範理論を総括的に概説しておこう。

現代のリベラリズムは、リベラルや分析的マルクス主義からリバタリアンにいたるまで多様であった。しかしながら彼らはほぼ共通に、独立した自由な意思主体としての個人という観念のモデルを採用していた。

その原型は、なによりもデカルト以降の近代における主観主義（Subjektivismus）哲学とりわけI・カントの「人格」概念に求めることができよう。カントこそは、イギリス経験論と大陸合理論とを接合する位置にあり、それゆえ社会契約説による自然法的主体とドイツ観念論による超越的主体の定立という、その後のあらゆる規範哲学を網羅する壮大な体系の出発点を確立するものであった。すなわちリベラリズムにおいては、神やその他の事物ではなく理性そのものとしての「人間」こそが、他に依存せずそれ自体で自存する自由な主体とされたのである。その意味でカントは、まさに現代リベラリズムの始祖たる地位にあるといってもよいであろう。それゆえカントの倫理学は、ロールズの正義論に先駆けて功利主義哲学の批判から始まることになる。

カントによれば、功利主義の限界は善と正義の区別が不徹底であった点に求められる。功利主義は倫理的行為の究極目的を最大多数の幸福に見いだす「目的論的倫理学」であった。すなわちその倫理学は、幸福の最大化という経験的次元の正義に基礎を置いているため、外部に対する欲求への従属を肯定することによって、結果的に人間の自由を否定するものとなっている。人間が経験的存在にすぎないとすれば、あらゆる意思の作用はなんらかの目的に対する欲求に限定され、倫理学から偶然性を排除することは不可能となり、けっきょく人間は自由でありえないからである。

これに対してカントは、幸福を行為の動機とする目的論的倫理学を拒否し、倫理的行為においては自律的な人格そのものが同時に義務であり目的でなければならないという。したがって正義から善を完全に分離するために、「人格」概念の根源的な再検討が行なわれる。それはまさに、対象としての目的に認識主観がしたがう伝統的倫理学のいわゆる「コペルニクス的転回」であり、カントにおいては、経験的な目的に先立つ道徳律の基礎づけは、対象から独立した主観（主体）概念そのものに求められることになる。すなわち現象としての「物自体」は客観的で経験的な実在性をもつが、人間の認識主観は感性的形式を不可欠の前提としているために、目的的対象としての「物自体」に到達することはできない。それゆえ逆に人間は、現象世界の自然必然性あるいはその感性的条件を超越した道徳法則にもとづく認識が可能になる。これが対象としての自然法則にかかわりない純粋理性の命令としての自由である。この意味において人間は、いっさいの経験的属性から独立し、しかも各々の経験に適用されうる超越論的主体としての人格性をもちうるとされるのである。

こうしてカントは、現実的個人からその属性としての経験的規定をすべて削ぎ落とすことによって、選択目的に先立つ純粋意思として、いいかえれば自由な選択能力そのものとして純化された人格主体の概念を構成した。

カントにとって「人格」とは、いかなる属性も持たない純粋な選択意思として、先験的自我そのものでなければならなかった。それゆえ「人格はたんなる手段として扱ってはならず、それ自体が目的として不可侵である」。まさにカントにおいて人間が自由である根拠など何処にもありはしない。それは、「自由であれ」という定言命法(kategorischer Imperativ)によって自己が自己に課した超越的で自存的な義務としてしか存在しえない[★1]。ここに、人間の自由を、無条件・絶対で無規定のものとしてア・プリオリな前提に置く「義務論的リベラリズム」の原型がかたちづくられたといってよいだろう。

さて、ロールズ以降の現代的規範理論の試みは、こうしたカントによる社会に先立つ一切の属性を欠いた人格の観念を継承し、その後にこの人格に社会契約を結ばせることによって、経験的で具体的な意味を付与された正義の社会モデルを構築しようという企てだったといってよい。したがってそれは、カント哲学のもつ超越論的観念論としての性格を薄めて、あくまでもこれを公正な社会状態を構成するための作業仮説、いいかえれば現代社会に対する批判的規範理論に限定しようとするものであった。現代のリベラリズムが古典的自然法思想に対してもつ限定的なスタンスを示すものであったといってもよいだろう。

だが現代リベラリズムも、それが自由の普遍的「格率」を志向するかぎり、特定の善の観念に依存せずかつ善に優越する正義の原理を指し示さなければならない。こうした原理を構築するためには、やはり目的から切断された自由な選択を行なう意思主体としての人格の観念が必要となる。たとえばロールズの人格概念は、自己の抱く善や価値、愛着と忠誠といった目的から切り離され、逆にその目的を個々の人格のたんなる諸属性として客観的に眺めて自由に吟味し評価し変更しうる自我の観念であった。そしてドゥウォーキンのそれは社会制度の案出に先立つ平等な配慮と尊敬の主体であり、ノージックのそれは、自己が自己の生命と身体を所有するという一種のオートノミックな普遍的個人であった。それらはどのように粉飾しいかに形容しようとも、やはり対象としての目的にいっさい規定されず、純粋の選択意思にまで切り詰められたカント的自我を超えるものではありえない。

まさにこうしたリベラリズムが共通にもつ人間観＝社会観そのものが、二〇世紀末のいわゆる「リベラル-コミュニタリアン論争」[★2]において、コミュニタリアンと呼ばれる諸論者によって根本的に批判されるプロブレマティクだったのである。

【2】現代コミュニタリアニズムによる批判

リベラル―コミュニタリアン論争においてコミュニタリアンたちは、リベラリズムの正義論が貧困で無内容な人間観に依拠していると批判する。それは「すべてに先立って予め個人となっている自我」であり、「社会から遊離した自我」「負荷なき自我」でしかない。一切の対他的拘束から解き放たれ、いかなる価値観からも独立したゼロ地点から自己の選好や社会に対する見方を自由に選択する近代的人格なるものは、けっきょく誰でもない、どこにもいない虚像の「人間」なのではないか。そうした人間が任意の契約によってつくりだす「自由な社会」なるものは、いわば現代資本主義の生み出した倫理的アパシーと政治的アノミーを表現する絶望的なフィクションなのではないか、といった根源的な批判を投げかけることになる。それゆえコミュニタリアンによるリベラリズム批判は、そのまま同時に透徹した資本主義批判たりうるのである。

この論争において、「コミュニタリアン」に分類される代表的理論家としてM・サンデル、A・マッキンタイア、Ch・テイラー、M・ウォルツァーなどが挙げられよう。もっとも、コミュニタリアンというのは他称であって彼ら自身が自らそう名乗っているわけではない。しかもその主張自体も、論争の経過とともにかなり大きく変貌していくことになる。

次に各人の主張を検討しておこう。

(1) マイケル・サンデル

リベラル―コミュニタリアン論争は、M・サンデルが一九八二年に著した『自由主義と正義の限界』によって口火が切られたといわれている。この著作でサンデルはロールズの『正義論』を真正面から俎上にあげ、リベラリズムのもつア・プリオリな形而上学的前提を逐一論駁していくのである。

サンデルは、ロールズいらいの現代リベラリズムが誤ったメタ倫理学的ロジックを共有していると指摘する。[★3]

まず最初の疑問は、リベラリズムの前提とする個人の自由・独立性なるものが「自然状態」ないし「原初状態」というモノロギッシュな枠組みのなかで自己の目的を自立的に設定する孤立したアトミズムの人間像であるという点である。

すなわち、アイデンティティの根拠を唯一自分自身にしか持たない、社会基盤を欠いた超越的な人間の自由なるものは、どこまでも空虚で無内容な恣意にほかならない。サンデルによれば、選択の自由に対する制約としての正義が、選択対象としての善き生の構想に対して優先性を持ちうるのは、選択主体としての自我に選択対象としての目的が先行する場合しかありえない。ロールズらの想定する自我は、アイデンティティを構成する価値や目的について他者理解をつうじて省察するという道徳的深みを欠いており、それゆえ選択の基準そのものがなく自己にふさわしい選択をする手掛かりさえ持ちえない。それは反省能力を持たない「負荷なき自我(unencumbered self)」である。

それゆえその選択は、いつでも放棄し変更できる気まぐれにすぎないことになる。

次の疑問は、人間は同一の目的を共有できるほど他者を知ることはできないとする、リベラリズムにおける他者認識の不在性の問題である。

サンデルによれば、このような究極的に認識不可能な他者という想定は、目的に先行する負荷のない自我の想定と表裏一体である。それはリベラリズムが、個人の認識が他者との間主観的な社会関係によって構成される側面を否定していることに起因する。それゆえ自立的な主体の合意によるルール形成という社会契約論についても、そうした合意が他者からの拘束や相互的な紐帯そして連帯によってのみ反省的に顕現することが無視されていると指摘する。それゆえリベラリズムにおいては、他者理解をつうじて社会の共通利益を促進する目的論的な善の倫理学が存在しない。このことがリベラリズムの致命的欠陥であるということになる。

ここから最後の疑問が生じる。すなわち、社会は特定の善の構想を前提としない中立的な統治を普遍的要求としてもっているとする、リベラリズムにおける正義の至上性にもとづいた社会認識である。

サンデルはこの点についても、リベラリズムの正義ないし権利の普遍性と絶対性を基礎とした人間観が、社会すなわち共同体にかんしても貧困で無邪気なヴィジョンをもたらしていると批判する。サンデルによれば、リベラリズムにとって社会とは、自己省察をつうじて探求され先行して見いだされる前提ではなく、絶対的な正義の枠内でどのようにでも好きなように決定できる主観的選好の対象でしかない。「負荷なき自我」は自己の選択以前にどんな道徳的紐帯の存在も認めないいため、リベラリズムにとって「社会」とは、自分のときどきの恣意のおもむくままに完全にヴォランタリーに加入・離脱が可能な、いわゆるアソシエーションであることが普遍的要請となる。それゆえここから導き出される社会のヴィジョンは二通りしかありえないことになる。

一つは、社会契約に参加した個人が自分の私的便益を最大化する手段としてのみ社会の必要性を認め、これを私的に選択する「道具的（instrumental）」共同体観であり、もう一つは、仮に社会の形成がなんらかの道徳的紐帯を実現していたとしても、個人の欲求が利己的便益だけでなく極めて偶発的に利他的同胞愛の感情を含んでいたことに起因する「情緒的（sentimental）」共同体観である。

そうした自由な選択によってつくられる「社会（共同体）」なるものは、いずれも自律的であるどころか、不安定かつ衝動的で一時的な感情に他律的に従属するものであるほかない。サンデルは、どちらの社会に対する見方も、共同体の紐帯を個人の取り替え可能な選好による任意の選択肢のひとつにしてしまっており、社会への帰属の事実から独立に、しかもそれに先立って、個人的主体が同定されている点で賛成できないとして、これらを明確に斥けることになる。これがいわゆるアソシエーショニズム批判であることはいうまでもないだろう。

それではサンデルは、これらに対してどのような社会の構想を抱くのであろうか。

サンデルはまずなにより、リベラリズムの正義の中立性と普遍性論に対して、社会（共同体）の善による規定性を重視し、その「負荷なき自我」を、共同体的紐帯を構成要素とする相互依存的で間主観的な自我の概念に置き換えようと企てる。こうしてサンデルがリベラリズムの社会観に対置してポジティヴに提起するのが、「位置づけられた自我（situated self）」にもとづく「共同体の構成的概念（constitutive conception of community）」[4]と名づけられたヴィジョンである。

サンデルによれば、社会（共同体）への帰属は人間の恣意的な欲求の対象ではなく、むしろ人間が何者であるかを定義し、私が私でありうるアイデンティティの核心をなすものである。人間が自己の生に与える意味は、共同体の中で獲得され担保されるしかない。すなわち自我は、善き生を追求する共同体において自己がはたす役割によって支えられ、同じ共同体に属する他者との紐帯によって構成される。こうした自我の観念が「位置づけられた自我」と呼ばれる。したがってまた、この自我の構成的目的は、たんなる個人的特性や自己の選択能力によって言い尽くすことはできず、反対に自我の属する共同体の「共通善（common good）」に規定されたものとしてあらわれる。「共通善」とは、共同体の歴史と伝統のなかでかたちづくられ、その共同体の性格をなしている共有された善き生の構想を意味する。人間は、共同体の背後にあるこの善き生にもとづく暗黙の慣習を支えにしてのみ、自らの選択を熟慮し適切な判断をくだすことが可能になる。

サンデルは、こうした社会にたいする認識を「共同体の構成的概念」と呼び、共同体は個人が選好的に引き受けた負担などではなく、それなくして自我が存立しえない不可欠の構成要件であると主張するのである。

ここで留意すべきは、サンデルの「位置づけられた自我」の概念が共同体の「共通善」を絶対視ないし固定化する保守主義（conservatism）や、それにしたがって個人の善き生の構想を指導する卓越主義（perfectionism）を志向しているのではない点であろう。むしろその自我は、「自らの中心的な熱望や愛着によってその一部が構成され、自我に対する理解が修正されるにつれて発展し変容していく、共同体から実際に影響を受けることによって構成される開かれた主体」であると定義されている。
それゆえサンデルは、不寛容や全体主義への衝動は共同体の中に「位置づけられた自我」の確信からではなく、逆に、共同体の根を絶たれ拠り所を失ってアトム的に孤立した「負荷なき自我」の不安と挫折から生じるという。★5
この点についてサンデルはH・アーレントを引用する。アーレントによれば、全体主義は私的利益を擁護し実現するための合理的な国民経済の運営という近代的政治のひとつの所産である。それはむしろ人間の関係性が引き裂かれ社会的紐帯が無力化することを背景として勃興する。すなわちナチズムとスターリニズムにおける強制収容所と総動員の体制は、リベラリズムのいう私的個人の否定ではなく、逆に社会の自律的な共同性とそのもとで行なわれる公共領域での協働（vita activa）の喪失の結果であったというのである。★6 これをふまえサンデルは、リベラリズムによる私的権利の無批判な拡大は、それを保障するますます強大な装置を要請し、個人と国家の乖離を極限まで推し進め、伝統に支えられた共同体を破壊してこれを包括的で無機的な「組織」に置き換えねばならなくなると批判する。この結果は、資本主義企業と官僚制国家への歯止めのない権力の集中であり、これが社会を再び全体主義的システムの喚起へと導くだろうと警告するのである。
しかしながら、サンデルのこうした徹底的なリベラリズム批判すなわち資本主義批判は、その後、大幅な変更を余儀なくされる。それは論争のターゲットであったロールズらリベラリズムの側の路線変更にもとづくものともいえよう。

ロールズは一九九三年に著書『政治的リベラリズム』を刊行し、『正義論』で示したリベラリズムの普遍主義的で包括的な規範理論を放棄して、価値の多元性を認め社会の分裂を回避する政治的統合に限定した規範理論の構築をめざすことになる。[★7]それはサンデルらコミュニタリアンとの論争が大きな影響を与えたといわれる。じっさいこの書物では、方法論的にも原初状態の想定による普遍的正義の社会契約ではなく、西欧文化に潜在する社会と人格の観念の承認というかたちが採られるようになる。こうしてロールズは自らの正義論を、あらゆる社会にあてはまる普遍的規範としてではなく、特殊・西欧的な伝統と文化に根ざし限定的に適用される規範理論として提示するようになっていく。それは、いわばコミュニタリアン・リベラルへの路線変更であったといえよう。

これを受けてサンデルは、一九九六年『満たされざる民主主義』を著すことになる。この書物の中でサンデルは自らのコミュニタリアニズムを普遍的な社会哲学としてではなく、特殊・アメリカに妥当する公共哲学として位置づけ、アメリカにおける共和主義的伝統の回復を前面に押し出すことになる。[★8]そこでは、リベラリズムの「選択の自由」に対しては「自己統治の自由」を、「普遍的正義」に対しては社会的に共有される「共通善」を、国家の「中立性」論に対しては「市民の徳の形成」を、それぞれ提起する点では以前と変わらない。だが、それらを一般的社会哲学としてではなく、あくまでも現在のアメリカにおいて要請される共和主義的公共哲学として提起することになる。すなわちA・トクヴィルに倣って、個人と国家を架橋する中間集団としての共同体が再評価され、権力が分散し多元的で多層的に位置づけられた公民こそがアメリカ的共和主義の基盤として追求されるのである。

ここにおいてロールズとサンデルの論争は特殊アメリカ的文脈へと収斂していき、サンデル自身も、リベラル・コミュニタリアンというべきスタンスへと接近していくことになるのである。

(2) アラスデア・マッキンタイア

さて、サンデルに比べて、より壮大な射程をもったレベルからコミュニタリアニズムの構想を提起したのが、A・マッキンタイアであった。

マッキンタイアは一九八一年の大著『美徳なき時代』において、古典的英雄社会からギリシャ哲学、中世をへて近代の啓蒙主義にいたる西洋の道徳的・政治的な文化のさまざまな興亡を詳細に検討していく。そして中世以前に見られた善き生を支える徳の観念は、近代の啓蒙主義によって終焉したという。

啓蒙の立場すなわち人間の道徳性について近代合理主義的な正当化を試みるプロジェクトは、おしなべて失敗に終わった。キルケゴール、カント、ディドロ、ヒューム、スミスらの倫理学は、それぞれ独自のかたちをとっていたが、彼らが正当化しようとする道徳の本性は、婚姻や家族などの内容についても、また契約という形式についても驚くほど一致していた。すなわち啓蒙主義は、それぞれの時代や社会を背負って生きている諸個人とはおよそ異なった抽象的「人間」という自我像を創り出したというのである。★9

マッキンタイアは、こうした啓蒙主義的な「人間」観を現代文化のキャラクターと名づけて糾弾する。たとえば、どれだけ費用がかかっても退屈を避け自分の満足を達成するために快楽を手に入れようとする「審美家」や、目標の確定や評価はせずに自分のもつ人的・非人的資源を最大限効率的に組織することに夢中になる「経営者」、患者が求める価値の評価や助言は与えないで神経症の症状を社会的に有用な状態に変容させる技術や効率や効果にのみ関心のある「セラピスト」がこの典型である。彼らは、人々を他者の目的にとっての手段として扱い、目的（telos）にかんする問題を体系的・合理的・客観的な価値評価を超えたものとみなす点で一致しているというのである。

啓蒙主義は近代的理性を発見し、それによって道徳的判断の本性にたどりつけると主張した。しかしそれは、たとえば人工妊娠中絶の正否や核兵器による抑止力の正当性、あるいは真に正義に適う社会構造とは何かといった道徳的判断をめぐる今日の論争において、どんな種類のコンセンサスにも到達できない無力性をさらけ出している。こうした共約不可能性の背後にあるのは、道徳的議論は合理的には決着がつかないものだという「情緒主義（emotivism）」である。すなわち、それはあらゆる道徳的判断は純粋に個人の選好の問題にすぎず、私的な感情の表現にほかならないとして、その秩序づけを放棄する態度である。

マッキンタイアによれば、ロールズの「正義論」の背後にあるのはこうした情緒主義であり、そのリベラリズムは真価（desert）にもとづいた正義の議論を回避し、善き生とは無関係な、利害関係に還元できる正義だけを議論の対象としている。それは、道徳的言説を超越的な位置にたつ主体の決断に還元するものにほかならない。近代社会はたしかに個人に「自立」をもたらした。しかしそうした啓蒙のプロジェクトによって、人間はいかなる負荷も持たないかわりに、抽象的で無機的な、どんな「歴史」も持たない存在となった。マッキンタイアはこうした近代社会に特有の個人主義的人間観を、皮肉をこめて「民主化された自我（democratized self）」と呼ぶ。ロールズの理想とした自立した個人が社会契約によって創出しようとする社会は、「あたかも他の諸個人の一団とともに難破して無人島に打ち上げられたような」社会にすぎない。こうしてロールズらリベラリズムの善の構想は、最終的に個人の選好に還元されるのであり、そうした選好の自由とはつまるところ最終的に市場の論理にゆだねられることになる。ここにマッキンタイアの資本主義批判を読み取ることは容易であろう。

それではマッキンタイアは、近代の啓蒙的プロジェクトすなわち資本主義のリベラル・デモクラシーに替えて、どのような構想を抱くのであろうか。

マッキンタイアが強調するのが、自我に具体化される統一的な物語を形成する社会である。別の言い方によれば、自我とは他者に対して申し開きする能力（accountability）をもつ「物語的存在（story-telling animals）」でなければならないということになる。マッキンタイアによれば、人間が自己の生活を意味づけするために創りだす個人史の物語は、共同体の歴史のなかに織り込まれている。個人にとっての善を問うことで得られる統一性は、そのアイデンティティの源泉である共同体の物語から切り離して論ずることはできない。「私はたんなる個人としてはけっして善を追求したり、諸々の徳を実現したりすることはできない」のである。

それゆえマッキンタイアは、人間は誰もが特定の社会的アイデンティティの担い手として自らの環境に接するという。個々人は誰かの息子あるいは娘であり、また誰かの従兄弟あるいは叔父である。そしてまた特定の都市の市民であり、特定のギルドや職業団体の一員である。そしてある家族、ある種族、ある民族に属している。それゆえ個人にとっての善とは、これらの役割を担う者としての善にほかならない。個々人はそのような人間としてのみ、自らの家族、都市、種族、民族の過去から、さまざまな負債・遺産・期待・責務を相続する。それらが個々人の生活の前提となり道徳の出発点となっている。それらこそが人間の生活に一定の倫理的性格を付与しているということになるのである。★10

マッキンタイアによれば、こうした共同体の物語を発見するために習得された人間の資質が「徳（virtue）」であり、それにもとづく行為がアリストテレスに倣い有徳の「実践（practice）」と呼ばれる。先にみたようにアリストテレスの倫理学では、善は富・名誉・快楽のような私的個人的な外的善と、共同体全体にとっての善である内的善とに分けられる。こうした善の区別は、それを遂行する行為者の徳すなわち人柄（ēthos）によるものとして理解され、それゆえ善の正当性はそれにともなう実践の意義によって評価されてきた。こうしたアリストテレス主義に従いつつそれに独特の意味を付与したものが、マッキンタイアにおける「実践」の概念であった。彼は実践を、「首尾一貫した複雑な形態の、社会的に確立された協働的な人間活動」と定義する。個人は歴史的に形成されてきた実践のなかで、初めて人間としての主体性を獲得しうる。

そしてこうした諸個人の実践を他者と共有された社会総体に結びつけ、共通善の実現に向けて方向づけるのが「徳」の観念である。したがって正義とは、ロールズのように「無知のヴェール」により道徳的紐帯を失った個人をつなぎ止める普遍的ルールを発見することではなく、それぞれの共同体における共通善に支えられなければ存立しえない。共同体はたんなる自我の欲求の対象ではなく、逆にわれわれが何者であるかを部分的に定義するものである。

だがこうしたマッキンタイアの説く共同体の概念に、理性や啓蒙、個人の自立を制限する保守的性格を読み取るのは正しい理解とはいえないだろう。彼は共同体の伝統を、たんなる過去の思考様式としてではなく、つねに変革をともなう歴史的に拡張され社会的に具体化された議論そのものであるとみなす。すなわち自己が道徳的であるということは、拮抗する合理性や正義から「真価(desert)にもとづいた正義」を選び取る「実践」であるというのである。

こうしたマッキンタイアの実践の観念には、マルクスの『フォイエルバッハ・テーゼ』における実践哲学が大きな影響を与えているといわれる。じっさいマッキンタイア自身が告白するように彼は若い時期、熱心なマルクス主義者だったのであり、その後も自己の倫理哲学に対するその影響を否定していない。

周知のようにマルクスはこの第一テーゼにおいて、フォイエルバッハらの唯物論が対象の現実性をたんなる客体として外側から観照の形式でのみ把握している点を批判し、これを感性的な人間活動である実践として主体的に捉え直すことを提起している。これまでのマルクス解釈学の世界では、この実践テーゼは、ロシア型マルクス主義のいわゆる機械的唯物論を否定し、無規定的な個人が自己の投企をつうじて自由に自我を創造していくという主体性唯物論を基礎づけるものとして評価されてきた。すなわちサルトルらが提起した西欧型の実存的マルクス主義ないしは人間主義的マルクス主義の原点として了解されてきたと言ってもよいだろう。

しかしながらマッキンタイアは、マルクスのテキストをもアリストテレス的に読解することを提案する。マルクスのいう実践とは、個々人が自由な欲求にしたがい善＝財を追求する実存的なものではなく、逆に個々人の意思（欲望）から独立し、それに先行したものである。それが協働的な人間活動であるかぎりは、市民社会の正義を超克する共通善に支えられ、あるいはそれを追求するものたらざるをえないのである。まさにマルクスの第六テーゼが明快に説くように、「人間の本質は、個人の内部に宿る抽象物ではない。それは現実的には、社会的諸関係の総体（ensemble）なのである」[★11]。マッキンタイアは、このような諸個人に先立ちかつ諸個人の実践を導き出すマルクスの「社会的諸関係の総体」を共同体と読み替え、そこに人間を実践にいざなう共通善を見いだしたといえるだろう。

マッキンタイアは、こうした共有された善の構想こそが、現代すなわち資本主義による人間の断片化を乗り越え、自己に道徳性を確立する道であると主張する。しかしながら留意すべきは、彼は、現代の国民国家ないしその政府がなんらかの共有された人間的善にかんする見解を表明すべきだとは考えていない。こうしたパターナリズムに対する批判については、むしろリベラリズムの中立国家の構想の方が正しかった。けれどもここから引き出される彼の結論は、善についての共有された構想が倫理的にそもそも不要であるというのでは決してない。今日では、礼節と知的・道徳的生活を内部で支える共通善は、国民国家よりももっと小規模でより地域的な共同体にその焦点をずらすのがふさわしい。そのなかでのみ、共有された規範は官僚制的な抑圧や無能化をこうむることなく確立され維持されるだろうというのである。

こうしてマッキンタイアは、道徳的な内容をもち人間的に充実し、社会的な相互行為が間主観的に実現されうる場所として、かつて存在した一八世紀の手織り職工やその古代・中世の先行者に代わって、現代においては、たとえばニューファンドランド沿岸の漁村、大学、病院や教会にその片鱗を求めることになる。そこにはアリストテレス的なポリスの構想が現代に生きている。そのような普通の人々の日常的実践において、またそれを通じてのみ、市民社会の立場すなわち資本主義は超克される。

マッキンタイアのコミュニタリアニズムは、マルクスの資本主義批判に含まれる実践哲学を新アリストテレス主義の倫理学によって読み直した画期的なものといえよう。

（３）チャールズ・テイラー

Ch・テイラーは、英米圏における数少ない、代表的なヘーゲル研究者として知られる。テイラーは初期の代表作『ヘーゲルと近代社会』において、ヘーゲルを、「近代のコンフリクト」を最も深刻に受けとめ徹底してその克服を試みた稀有な哲学者として位置づけている。★12

では、ヘーゲルが克服し和解をめざした「近代のコンフリクト」とは何か。

それは端的にいって、人間と自然との分裂であり、それゆえ思惟する主体としての人間と人間の内なる自然としての感性との対立、あるいは徹底して自立した主体としての個人と表現によって確立される客体としての人間との相克としてあらわれる。テイラーによればこの両極的な対立は、前者はI・カントによって代表され、後者はJ・G・ヘルダーに代表されるという。カントは、人間を対象から独立した自己決定的な意思の主体として規定し、自由という規範を最高善とみなした。

これに対して初期のヘルダーは、人間を表現された存在とみなし、自然や共同体の内においてのみ統一的な自我は実現されるとみなしていたのである。それはまたマルクスのいう一九世紀の資本主義における市民社会と国家の分離、したがって人間における市民と公民の、個と全の避けがたい分裂の帰結でもあった。テイラーはマッキンタイアとともに、その初期にはマルクス主義者だったのであり、こうした近代によって引き裂かれた社会への批判にマルクスの影響を見て取ることも可能であろう。

そしてテイラーによれば、ヘーゲルこそがこの両者の理念的な分裂を最終的に和解し統一しようとした哲学者であるということになる。ヘーゲルはその初期においては、この対立を「愛」や「生」といったロマン主義的概念によって和解させようとしたが、後期にはその解決を自己意識としての「主体」に求め、その内在的矛盾による展開という弁証法によって最終的に「絶対精神」による統一という結論にいたった。しかしテイラーにとって、ヘーゲルにおける「近代のコンフリクト」という問題意識は全面的に評価するが、その解決法である主体の定立と弁証法的展開、そして結論としての「絶対精神」による止揚は受け容れがたいものであった。英米的な論理実証主義になじんだテイラーにとって、弁証法は鋭い洞察の表現ではあっても厳密な証明方法ではなく、端的にいって「間違った証明」であり、その結論は何の役にも立たないものだったのである。

それではテイラーはヘーゲルから何を継承したのか。

第一には、カントからリベラリズムにいたる個人主義的人格概念に対する批判である。テイラーによれば、カントの自立としての主体概念は、人間は自己決定することによって自己が完全に自由となるという、なんの状況もなく限定された意図も持たない空虚で無性格な人格概念にすぎない。ヘーゲルはこうしたリベラリズムが陥ったニヒリズムを的確に批判し、状況の中に自我を位置づけることによって自由の根拠を見いだしたという。

第二に継承したのは、ヘーゲルがカントの自由な道徳的自立の理念に対置して提起した「人倫の道徳性」の概念である。もっとも、テイラーは、ヘーゲルが人倫の最終的な具体化を「理性国家」に求めた点を評価しようというのではない。彼が評価するのは、近代のコンフリクトの克服を人倫の完成に求め、そうした人倫は共同体の成員としてのみ到達することができるというヘーゲルの共同体の理念である。それゆえテイラーは、ヘーゲルの人倫的共同体の概念を「文化的共同体」と読み換えて解釈し、「共同体の公共的生活をつくりあげる一連の実践や制度は、その成員のアイデンティティにとって最も中心的で最も重要な規範を表現しており、成員たちはこれらの実践や制度に関与することによってのみ、そのアイデンティティを維持し、その実践や制度を永続させることができる」というのである。それは「自我の源泉」としての共同体観[★13]である。

さらにテイラーはヘーゲルの人倫的共同体に残るホーリズム的傾向を克服するために、文化的共同体とそこに所属する個々人の関係についての思索を深めていく。

テイラーはまず人間と他の動物との決定的差異を、人間が「第二階の欲求（second-order desire）」を持つ点に求める。人間は、他の動物と同様に即自的で第一次的な欲求をもつが、同時に他の動物と異なり、自己の第一次的な欲求それ自体を対象化して評価しようという欲求をもつ。すなわち自己のある欲求は望ましく、他のものは望ましくないと判断する欲求、いいかえれば反省的な自己評価の能力をもつ。これが「第二階の欲求」と呼ばれるものである。テイラーはさらにこの第二階の欲求を二つに分類する。第一は、偶然的で量的な欲求であり、それは個々人が自己の行為の結果にのみ関心をもって評価をする「弱い評価（weak evaluation）」である。そして第二は、個々人が自己の欲求の質やそれにもとづく行為の動機の差異を問う「強い評価（strong evaluation）」である。後者においては、自己の欲求は比較するための対照的な「言語」によってカテゴライズされる。そこにあるのは、言語によって自己の欲求を分節化し反省しようとする自己解釈の葛藤であり、そうした行為によってのみ人間は自己の経験を再定義し人格的な深みに到達する。テイラーはこうした解釈を「哲学的人間学（philosophical anthropology）」と呼び、人間とは「自己解釈的存在（self-interpreting being）」であるというのである。

さらに言語はその表現において自己の欲求だけではなく、人間の社会的関係性を構成する。個々人の欲求と同等に、ある社会における人々の類縁性、親密性、距離性といった関係性は言語の差異構造によって決定される。それは「公共空間（public space）」において実現され、人々の共通了解となる。テイラーによれば、言語は、個々人の発話行為を通じて人間の関係性を構成していくのであり、それゆえ発話者たちの間主観的実践としての対話的世界すなわち「発話共同体（speech community）」だけが有意味な公共空間を開示する。人間はその起源においてではなく生涯にわたって、対話の網の目のなかに位置づけられた「対話的自己（dialogical self）」たらざるをえないのである。

テイラーは、言語によって構成されるこうした共同体と個の関係を「全体論的個人主義（holistic

individualism）」と呼ぶ。

こうしたテイラーの言語理解には、ソシュールの構造主義言語学の大きな影響があるといわれる。周知のようにソシュールは、一定の言語体系（langue）は個人を超えたあらかじめ社会的関係として存在し、個々の発話（parole）はこの体系的構造のなかでのみ意味を認められるという。テイラーによれば、こうした発話は言語体系を前提とし同時に言語体系は発話の行為によって絶えず再生産されるのであり、それはまさに「ソシュールの循環」と呼ぶべき関係にある。すなわち個々人の行為はつねに、言語が創造され対話される言語共同体を前提にして初めて意味をもつのであり、「何が本当に重要な問題なのか、社会的善やその基準、要求は何か」は、対話的会話を通じてのみ同定されるというのである。★14 こうしてテイラーは、その文化的・言語的共同体にかんする理解にもとづいて、ロックからノージックにいたるアトミズムやリベラリズム、さらには方法論的個人主義や社会契約論、すなわち資本主義を批判する。近代資本主義は社会を道具的に扱い、自我を社会から遊離させ人間そのものを断片化させていると非難するのである。

しかしながらテイラーは、マッキンタイアとは異なり、しだいにモンテスキューからトクヴィルにいたる共和主義的共同体を積極的に肯定し、そこにおいて手段ではない目的としての自由の感覚が育まれるとして、近代の多元主義的なリベラル・デモクラシーを評価していくようになる。近代的個人のアイデンティティにはその批判者が主張する以上に豊かな道徳的源泉を含んでいるのであり、リベラルな公共圏においてのみ、個人の自由と自己統治、平等にもとづく正義の支配は可能になるというのである。それは中央集権権力と私的個人の中間にトクヴィルのいう「アソシエーション」を構築することで果たされる。それは自立した個人による選好的「共同体」の提起である。すなわちテイラーは方法論的・存在論的には徹底したリベラリズムの批判者であるが、弁論的・規範論的には、かぎりなくリベラリズムの擁護者であったといってよいだろう。

こうしたリベラルな個人そのものを西欧近代の伝統に根ざす豊かなコミュニティの成果であるとみなすテイラーの「全体論的個人主義」は、その後期には、彼をしてコミュニタリアンというよりも、むしろ価値相対主義的な多文化主義（multiculturalism）の社会哲学者として登場させることにもなる。

テイラーは、一九九六年の著書『マルチカルチュラリズム』において、彼の故郷であるカナダ・ケベック州の分離問題をふまえて独自の多文化主義を提案している。★15

当時ケベック州は、イギリス系カナダ人とフランス系カナダ人という二つの民族を内部に抱えた緩やかな連邦制を採っていたが、フランス系を中心にして、その連邦内での権限の強化からしだいに分離独立運動が進行していた。これに対してテイラーは、個人のアイデンティティと言語共同体との密接な関係を認めつつも、「なぜ民族は国家となるべきなのか」という根本的疑問を提示して、ケベックの分離・独立に強く反対を表明する。すなわちテイラーは、人間が国家に帰属すること自体がすでに多様性をもっているという。従来のリベラリズムでは、個人の権利や私的領域の多様性は認めるが、国家への帰属にかんしてはその前提となる社会から民族文化的な基盤を排して、平等で均質的な個人が憲法と民主主義に一元的に忠誠を誓うものと想定してきた。こうした画一的な国家への帰属によるアイデンティティは、「他者への差異」にかんする盲目にもとづくものであり、言語・文化・エスニシティなどによって構成される文化的な差異と多様性を、けっしてその内部に包摂することはできない。

テイラーはこれを批判して、人間は裸の個人として国家に直接帰属することなどありえず、むしろ多様な言語的・文化的・民族的コミュニティへのアイデンティフィケーションを介して、複合的な共同体の成員として社会に帰属する以外にありえないことを強調する。そのために、それぞれの共同体ごとに異なる多元的な正義の原理を活用する「差異の承認」を提唱するのである。こうしてテイラーは、国家や市場の一元性に還元できない例えば貢献原理の意義を再評価することを提起し、差異と多元性を内包する連邦制のもとでのマイノリティ集団に対する特別な配慮とその共同体的文化の尊重の必要性を訴えることになる。

テイラーは、こうしたアイデンティティそのものの多元性の承認を「深い多様性（deep diversity）」と呼んで、自らの思想の核心に置いた。テイラーの規範哲学は、リベラルでプルーラルなバイアスのかかったコミュニタリアニズムということができるだろう。

（4）マイケル・ウォルツァー

M・ウォルツァーは今日においては、コミュニタリアンではなく、むしろリベラルな民主的社会主義者として評価されることが多い。しかしながら初期の代表作である一九八三年の『正義の領分』においては、明らかにロールズの『正義論』を意識したリベラリズムの一元的な正義の概念を批判しており、これに対して正義の原理とりわけ配分的正義の多元性を主張している。それは明確にコミュニタリアニズムの立場にたった議論であるといってよいだろう。

この書物においてウォルツァーはまず、自己の立脚点をラディカルな「特殊主義（particularism）」であると規定する。そしてプラトンからロールズにいたる哲学者が脅迫的に自己に課してきた「哲学的知」を斥けることを宣言する。「哲学的知」とは、自己の置かれた偶然的立場や暗黙のうちに陥っている偏見からテイク・オフし、一切の主観性を離れた真理の高みに立つ普遍主義的で絶対的・超越的な知である。これに対してウォルツァーは、自分にとって知とはなにより「政治的知」でなければならないという。「政治的知」とは、ある社会の内側にあってそこで役に立つ知であり、認識者と認識対象が同一地平に立ち、同胞のために自分たちの共有する社会的意味の世界を解釈してみせることである。ウォルツァーにとって、社会的意味に取って代わる外部的・普遍的視座など存在しない。ロールズのようにあらゆる社会に妥当する普遍的な正義原理の提起を試みることは社会からの超越を意味し、それはそもそも不可能であり理解可能性を放棄することだというのである。

こうした特殊主義の前提に立ってウォルツァーは、その他のコミュニタリアンのように主体としての人格概念を問うのではなく、その対象である「財（goods）」の配分理論を構築しようと試みる。この財が同時に「善（goods）」の意味を含んでいることは繰り返すまでもないだろう。そのさい、ロールズのいうような特殊性を剥奪された原初状態の合理的個人が、財＝善の抽象的なセットを目の前にして偏りなしに、自己の状況について何も知らずに財の選択をすることなどありえない。なぜなら孤立した人間は財の意味を理解できないだろうし、財の好悪を判断する理由もないからである。ウォルツァーは、あらゆる財＝善は社会的に規定され、社会的な構想と創造の過程を通じて構成されるという。それぞれの財には、それが経てきた異なった社会過程に応じて異なった社会的意味が堆積しており、この財の意味そのもののなかに、財がいかに配分されるべきかという配分の原理も含まれているというのである。

ウォルツァーによれば、現在、社会的財＝善にかんする「配分の正義」には三種類のものがある。

第一は、あらゆる支配的な財はなんであれ再配分されるべきであり、少なくともより広範に分かち合われるように再配分されるべきである。それゆえ「独占（monopoly）」は不正である、という主張である。

第二は、あらゆる社会的財はそれぞれに自律的な配分の道が開かれるべきである。それゆえ「支配（dominance）」は不正である、という主張である。

第三は、現存する「支配」と「独占」のパターンは不正である。それゆえ新しい集団により独占される新しい財によって、現在支配的な財は取って代わられるべきだ、という主張である。★16

この場合、「支配」とは、さまざまな社会的財の用い方について、それらの先験的な意味によって限定されないような、あるいはそれ自体のイメージのなかでそれらの意味をかたちづくるような用い方を意味する。これに対して「独占」とは、社会的財の用い方について、それらの支配を巧みに利用するためにそれらを所有し、あるいは管理する用い方を意味する。ウォルツァーによれば、第一の典型がロールズの正義論であり、とりわけその「格差原理」は独占の不正を批判するものであった。また第三の典型がマルクス主義の正義論であり、それは資本家階級による生産財の独占を批判し、同時に私有財産制の支配を非難するものであった。

ウォルツァーは、ロールズ的リベラルもマルクス主義も、財の独占に反対することで「単一なる平等（simple equality）」原理を追求しているという。たとえば、あらゆるものが売りに出され、すべての市民が他の市民と同額の貨幣を持っている基本所得（basic income）社会を想定しよう。ここでは平等はそれが社会的財の全範囲に広がるまで、交換を通じて拡大される。たしかにそこでは貨幣という一つの財だけが支配的であり、その財は平等に配分される。しかしその平等は不安定であり出発点の平等は容易に不平等へ帰着する。また時間を超えて単一な平等を維持しようとする唯一の手段は、危険なまでに国家権力を強大化する以外にないだろう。これが資本主義的市場経済と社会主義的計画経済を指しているのは言うまでもない。すなわちウォルツァーにとって、間違っているのは不平等それ自体ではなくて、各々の領域にとって内在的な、他の領域と区別された配分原理を無視することであるということになる。それは「専制（tyranny）」と呼ばれるものである。

こうしてウォルツァーは自ら設定した三種類の「配分の正義」のうちから、第二の原理を採用する。すなわち正義とは、各々の財がそれ自体の領域に特有の原理にしたがって配分されることを要求するのであり、その原理は財の社会的意味の解釈を通じて発見される。ある財の配分がその他の財を「支配」し、その他の財の意味を侵害するのであれば、その社会は「専制」的であるということになる。こうしてウォルツァーの配分の正義は、一つひとつの財の配分に対してよりも、むしろ複数の財の間の交換の防止に焦点を合わせたものであることが理解できよう。

たとえば資本主義社会が倫理的に不正であるというとき、ウォルツァーにとってそれはたんに貨幣の不平等な配分を意味しない。最大の問題は、ヘルスケアや教育・政治のような財を、貨幣はその所有者にもたらすことができるという点にある。道徳的に誤っているのは、貨幣が「支配」的な財であり、その他の財の配分形式を専制君主のように支配するということにある。それゆえ貨幣の平等な配分という「単一なる平等」原理ではなく、貨幣と他の財との交換の防止という「複合的平等（complex equality）」の原理が追求されなければならないというのである。

ウォルツァーは、この複合的平等の原理を次のように定式化する。

「いかなる社会的財Xも、他の財Yを所有している人々に対して、彼らがYを所有しているからという理由だけで、Xの意味を無視して配分されるべきではない。」[★17]

すなわち社会的な財の動きを決定するのは、財の「支配」的な力ではなく財それ自身のもつ「意味（meanings）」でなければならない。このウォルツァーの「支配」概念がマルクスのいう「価値」に相当し、「意味」の概念が「使用価値」に当たると読み込んでもそれほど大きな間違いではないだろう。ウォルツァーの資本主義批判は、あらゆるものが商品となり、その使用価値が貨幣の価値によって交換され支配される資本主義市場経済に対する痛烈な告発でもある。すなわち正義や平等という善＝財それ自体が普遍的なものではありえず、共同体ごとに異なる「複合的」すなわち多元的で差異的なものでなければならないことを意味しているのである。

したがってウォルツァーはまた、人間がさまざまの社会的財を構想し創造し所有し使用する仕方こそが各人の具体的アイデンティティを形成するのであり、自立した個人の社会契約というリベラズムの主張はこれを逆転させていると批判する。そこには、ロールズらの前提とする普遍的で超越的な個人観とは反対に、人間を、歴史的文化的環境の分厚い堆積と多様な共同体的意味空間に取り巻かれて生きる関係的存在として理解する視点が貫かれている。それは同時に、あらゆる財の意味を均質で抽象的な商品に還元してしまう市場帝国主義（資本主義）と貨幣の専制支配に対する鋭敏な批判そのものでもある。

こうしてウォルツァーは、公共空間における交換の暴力の封じ込めと租税を利用した貨幣の直接的再配分、労働組合の育成を通じた市場の権力への対抗、生産手段の協働的コントロールによる世襲財産の分配の試みなどによる民主的社会主義の可能性を追求する。このウォルツァーの民主的社会主義論は、多様な共同体ごとに異なる共通了解の重視という視点を強調することによって、ロールズ的リベラルやマルクス主義における「単一なる平等」の追求と明らかに一線を画した、「複合的平等」にもとづく社会主義論であるといえよう。彼はこの複合的平等を実現する方法として、貨幣が通用する領域とそれが影響力を及ぼしてはならない領域との「分離の技法（arts of separation）」を提唱することにもなる。★18

しかしながら留意すべきは、こうしたウォルツァーの配分の構想がリベラリズムそのものに反対するものではない点であろう。

たしかにロールズらのリベラリズムは個人の自由を前提に置き、多様な善の構想に対して正義を優先し中立的で普遍的な基本財＝善の配分が可能であるとした。これに対してウォルツァーは、社会的意味の特殊性を強調して反対したが、そこにあるのは異質な文化に対する尊敬と寛容の価値にコミットメントすることであった。こうした異質な他者を肯定するのはそれ自体リベラルな価値観である。がんらい「分離の技法」そのものが、政治と宗教の分離、国家と市民社会の分離、公と私の分離などに代表されるリベラリズムの思想である。この「分離の技法」によって、それぞれの領域が相互に尊重し合うことによってのみ、本物の自由と平等すなわちリベラリズムの真価が実現されるというのである。

こうしてウォルツァーは、リベラル―コミュニタリアン論争を経過した一九九〇年代以降の著作では、人間の共同存在性よりも多様性を強調し、政治的集団についてもコミュニティよりもアソシエーションの側面を評価するようになる。とりわけアメリカという国家が、もともとコミュニティとしてのエスニック集団ではなく、自由で多様な移民者諸個人の自発的アソシエーションであることを評価し、自らの立場をコミュニタリアンと区別してアソシエーショニストと規定する★19ようになったといわれる。それは西欧やアジアのような固有の伝統をもたず、個人主義と社会契約による「独立宣言」を唯一の「伝統」とする人工国家アメリカにおけるコミュニタリアニズムの一つの帰結であるといってよいかもしれない。

(5) 現代コミュニタリアニズムの意義と限界

われわれは、ロールズ以降のリベラリズムに対する現代コミュニタリアニズムによる批判を検討してきた。もちろん現代リベラリズムは、自由な個人の社会契約モデルの設定によって、一定の範囲において現実社会の不自由ないし不平等を批判しており、その限りでは資本主義批判としての規範的意義を有していたともいえる。ではこれに対するコミュニタリアニズムのメタ批判的な理論はどのような意義があったのだろうか。

第一に、コミュニタリアニズムはリベラリズムのアトム的人間観ないし社会に先行する個人観を批判し、人間存在の共同性ないし間主観的関係性を正当に捉えていた。それは個々人を内省的で社会に帰属をもった自我として位置づけるものであった。

第二に、コミュニタリアニズムはそうした個人が自由意思による自己選択によって社会を形成するというリベラリズムの方法論的転倒性を批判した。すなわちそれは、社会＝共同体という関係性による自我に対する構成性を提起するものであった。

第三に、コミュニタリアニズムはリベラリズムの超越的で価値中立的な正義論を批判し、それぞれの社会が共有する固有の目的ないし意味をもった共通善を評価した。それは普遍的正義による社会のグローバルな一元化に対する批判であり、それゆえ、市場が全面的に社会を包摂する資本主義市場経済の支配に対する批判であるとともに、合理的設計主義による社会主義計画経済に対する批判でもありえた。この点で、コミュニタリアニズムは多文化主義に通じる視角を提示していた。

こうして第四に、リベラリズムが資本主義における財＝善の「独占」を批判し「単一なる平等」を追求したのに対して、コミュニタリアニズムは資本主義における貨幣の一元的「支配」を批判し「複合的平等」を求めることになった。それはまた、対象としての財の配分理論にとどまらず、合理的で均質的な主体観そのものを批判するものでもあり、個々人のアイデンティティが、多様で多元的かつ異質な共同体への帰属を通じて構成される「複合的な人格」であることの承認を求めるものであった。

以上の四点を論じる限りにおいてコミュニタリアニズムは、それが全体主義や実体主義に陥るのを免れ、資本主義およびそのイデオロギーとしてのリベラリズムに対するラディカルな批判でありえたのである。

しかしながら現代コミュニタリアニズムは、どこまでも反普遍主義としての特殊主義を基調とする規範哲学であった。いいかえれば二〇世紀末の特殊アメリカ的文化を土壌として構成された社会哲学であった。それゆえそれが、アメリカン・リベラルの過剰な個人主義としての「負荷なき自我」に対置するものは、どこまでもアメリカの伝統と文化を背景にした「共同体」にとどまったのである。アジアやヨーロッパのような豊饒な伝統と悠久の歴史の蓄積を持たず、アメリカは、初めからリベラル・デモクラシーと共和主義による社会契約国家として誕生した。そうしたアメリカにおいて、個々人のアイデンティティを培う「共同体」とはいったい何であろうか。じっさいマッキンタイアを除くコミュニタリアン、とくにウォルツァーやテイラーは、しだいに近代の個人の自由を基調とするリベラリズムを、したがって資本主義そのものを、アメリカの「共同体」的伝統として肯定するパラドックスに陥ることになる。

当初におけるリベラルとコミュニタリアンのラディカルな論争が、最終的にコミュニタリアン・リベラルとリベラル・コミュニタリアンというほとんど差異のない争点のぼやけた折衷的地点に収斂していったのも故なしとしないであろう。さらに今日ではA・エッチオーニやW・ガルストンのように、社会の道徳的価値（善）の選択について国家に積極的な「政策」誘導を要請するパターナルな「コミュニタリアニズム」まで登場することになる。

こうしてわれわれは、この論争におけるコミュニタリアンの当初の主張を積極的に評価しつつ、同時にその主張がもつアメリカ的特殊性の限界を見て取らねばならないことになる。いいかえればリベラリズムに対する批判をアメリカ的文脈にとどめず、広く資本主義批判そのものとして提示できる規範理論を追求しなければならないことになる。それはとりもなおさず、これまでの歴史上、近代としての資本主義に対する最も鋭い批判者であったカール・マルクスの復権を抜きにしてはありえないであろう。すなわち、マルクスの規範理論のなかに含まれるコミュニタリアン的要素を積極的に汲み取りつつ、しかしながらいまだそこに残存していたリベラリズムと共通する普遍主義的正義の哲学をラディカルに払拭していくものでなければならないと考えられる。それは、いわば「コミュニタリアン・マルクス」とでも呼ぶべきスタンスである。

念のために付言しておけば、こうした試みがいわゆる「マルクス主義」や「マルクス経済学」のいずれとも何の係わりもないことは言うまでもない。すなわち、いわゆる弁証法的な歴史の発展法則や階級性や党派的スタンスに立った社会主義の「必然性」論、そしてその対極に位置するとされる反実践主義や反イデオロギー主義に立った価値中立性を標榜する客観的で「科学」主義的なマルクス経済学の、いずれともまったく無縁であることは疑いを得ない。

こうしたいくつかの限定条件をつけたうえで、次にマルクスを批判的に継承する方向性を示し、そののちマルクス理論をコミュニタリアニズム的に再構成し、さらにそこから導き出されるポジティヴな社会の構想を試論的に提示することにしたい。

2●——コミュニタリアン・マルクス

【1】マルクスの規範哲学

マルクスは『資本論』の冒頭の商品から使用価値を捨象し、そこに価値実体としての労働を抽象してみせた。こうした実験は規範理論的に二重の意味で間違っている。

第一に、あらゆる財はそれが商品であるかどうかに係わりなく、ウォルツァーが説いたように社会的文脈の中でのみ「意味」としての使用価値を与えられている。それを捨象してしまえば、残るのはレゾン・デートルのない空虚な財であり、そこには経済学的にも倫理的にもいかなる価値も残らないだろう。およそ使用価値（意味）をもたない財など何処にも存在しえないのである。

第二に、マルクスは『資本論』の出発点に「商品」という特殊な財を置いた。それはマルクス自身が強調するように共同体と共同体の間にのみ存在しうる関係概念であった。これはマルクスが資本主義を一つの特殊主義の視点に立って分析しようとしていることを意味しており、高く評価しうる。ところがマルクスがその商品から抽象したものは「労働」という普遍的概念であった。関係概念から実体概念を抽象するのは形式論理的にみても背理である。しかも商品の特殊性が労働の普遍性に還元されたことで、『資本論』は、資本主義社会の特殊性の解明を放棄し、あらゆる歴史社会に共通に適用される普遍主義の視点に転換されてしまった。しかも使用価値という社会的意味を消去し、その意味を創造する具体的有用性さえ捨象された「労働」とはいったい何であろうか。それは文字通りいかなる負荷もない、社会に先行して存在する「抽象的人間」の「労働」である。それはまさに原初状態において無知のヴェールを被せられた、どこにもいない誰でもない人間の行為である。そうしたロールズ的仮想実験のナンセンス性はすでにサンデルが的確に暴いたところであった。

もちろんこれまでにすでに、こうしたマルクスの価値論の限界を克服しようとする試みがわずかではあるが存在した。たとえば宇野弘蔵の価値論はその代表的なものであろう。

宇野は、すでにその初期の『価値論』において、『資本論』第一巻冒頭の商品からの蒸留法による労働価値説の抽象に疑問を提示し、代表作である『経済原論（上）』では、『資本論』の編別構成を独自に組み替えて、商品の価値実体を前提としないで商品、貨幣、資本を流通形態論として編成した。[★20]ついで資本の生産過程において、労働力商品の価値関係すなわち労働者が賃金によって必要労働の生産物を買い戻す関係をつうじて、初めて労働価値説を説いたのである。

この試みはいわゆるマルクス経済学者が考えるような、たんなる『資本論』の配列順序の変更ではない。それゆえ、価値形態論の整序による貨幣の必然性の論証や、価値と生産価格の転形論争の解決といった狭い経済学的問題関心に収まるものではない。ここには、はるかに重要な規範理論的プロブレマティクが潜んでいる。がんらいマルクスの経済学が経済学批判であったことを想起するとき、その「労働価値説」はまさに労働価値説そのものに対する批判たらざるをえない。もちろん先に検討したようにマルクスの価値論は、スミス＝リカードウ的な古典派経済学のそれを継承する側面があった事実は否定できない。しかしわれわれはそこに含まれる「労働価値説批判」としての意義を大胆に摂取し、これを道徳的「価値」のあり方を指し示す規範理論的概念へと読み替えていかねばならないだろう。

以下、こうした方法論的観点から次の四点について確認しておく。

（1）価値形態

第Ｉ部で検討したようにマルクスの労働価値説は、古典派を介して暗黙のうちに自然法的な主体の観念を継承していた。そこにはなお、ア・プリオリに個人に生命と身体への所有を認め、自己に内属する労働の対象化によって商品に価値を認めるリベラリズムの人間観が強く残っていた。すなわちそれは、社会に先行する超越的個人が孤独な労働によっていかなる意味ももたない財を創りだすということでしかない。

この点についてマッキンタイアは、「マルクスの内部には最初から、ある種の根源的な個人主義（a certain radical individualism）が秘められている」という。それゆえこのような個人はたとえ規範的に資本主義を否定することができたとしても、いかなるかたちの共同体社会であれ、その創出について合意に達することはできない。マッキンタイアは続けて言う。

「『資本論』の第一章においてマルクスが『日常生活の実践的な諸関係が人間に、完全に理解可能で理性に適った諸関係以外に何も提供しないときには』どのようになるか、その特徴を説明するとき、彼が描いているのは『自由な諸個人の共同体（community of free individuals）』なのである。その諸個人は皆、生産手段の共同所有、および生産と分配のさまざまな規範に自由な意思で同意した者たちである。この自由な個人はマルクスによって、社会化されたロビンソン・クルーソーとして叙述されている。しかしどんな根拠にもとづいてその個人が他者との自由なアソシエーションの中に入っていくのかについては、マルクスは私たちに何も語っていない。マルクスのこの鍵となる点での空白を、後のマルクス主義者は誰一人として十分に埋め合わせていないのである。[★21]」

このマッキンタイアの鋭い指摘をふまえて、宇野が『資本論』の商品論から価値実体としての労働を大胆に削除したことの意義を再吟味してみるべきであろう。宇野によれば、価値とは初めから商品の特殊な形態すなわち関係概念としてあった。それゆえ自由な個人の労働が普遍的に価値を生み、のちにそれが交換関係に入るのではない。いいかえればロック的な「自己所有権」の主体が自存し、これが選好的な契約によって社会をつくるのではない。このように価値を自存的な実体としてではなく、どこまでも関係態（価値形態）として把握するとき、マッキンタイアが批判した超越的に自由な自立した個人というマルクスの想定は崩壊するであろう。したがって、自立した個人が自由意思によって任意に加入する将来社会としてのアソシエーション論は、その根拠を根底から覆させられる。マルクスの価値論は、人間が社会関係をつくるのではなく、まったく逆に、商品経済の関係性こそが自由な普遍的「人間」というイデオロギーを構成していくことを明らかにしたものだったからである。

ここには、ロールズ的な社会契約論というリベラリズムのフィクションを論駁し反転させた、サンデルの「共同体による自我の概念的構成」の方法が見いだされるであろう。

もっとも、宇野自身は商品の価値形態の展開に際し、「商品にはかならず所有者がいる」と述べている。このことからその価値論も、ア・プリオリな人間主体の存在とその欲望行動を前提にしているのではないかという疑念が生じるかもしれない。じっさい最近のマルクス経済学の価値論は、山口重克の行動論的アプローチに典型的にみられるように、人間の物に対する欲望の度合いによって価値を決定する効用価値説（主観価値説）にしだいに接近しつつあるようにみえる。[★22] それは残念ながらリベラリズムや分析的マルクス主義と同様の主観的選好主義に陥るものであろう。

しかしながらマルクスにおける価値形態論の最大のメリットは、あくまでも商品の相対的価値形態と等価形態との非対称的で差異的な関係性を解明し、そこにおける価値表示ベクトルの一方的方向性を示した点にあろう。

周知のようにソシュールの言語学において、言語とは、音声の聴覚的映像により構成される「音韻（意味するもの signifiant）」と、言語記号が含みもつ内容としての「概念（意味されるもの

signifié)」との非対称的な関係性として理解される。[23] もちろん商品は、言語のような共同体内部の関係性ではない外部性にこそその特徴があり、安易なアナロジーは許されない。しかし市場経済における商品の相対的価値形態の等価形態に対する関係は、こうした言語における概念の音韻に対する関係と同じく、相互に不可分で強固な関係であると同時に、自然的必然性を欠く恣意的で無根拠な偶然的関係そのものなのである。こうした商品相互の排他的関連にこそ、近代資本主義によって切断され分離された人間の関係性そのものの原基形態（elemental form）がある。

そしてまた、ここにテイラーのいう「ソシュールの循環」を読み取ることができよう。すなわち個々人の行為は、それが為される文化的共同体を前提として意味をもち、同時に行為が共同体関係を構成する不可欠の要件となっているのである。したがって商品は交換される以前に、それが所有されるいかなる規範的根拠も、正当性も、それゆえ「主体」も、存在しない。たとえ商品に形態的な担い手がいるにしても、それは商品経済的社会を前提にして意味をもつ商品関係の人格化にすぎず、したがってその担い手は個人でも家族でも共同体でもかまわない。それゆえここでは、身体や生命を自己所有するJ・ロック的主体はもちろん、具体的な欲求行動をおこなうとされるC・メンガー的主体さえ捨象されているとみなさなければならない。市場は実体的共同体でもなければ、当事者の主観的選好にも還元できない。それはホーリズムもアトミズムも否定する。[24] そもそも「商品」から始まる『資本論』の体系は、一貫して関係主義の立場が貫かれているといってよい。それは、共同体社会からはみ出し引き裂かれた関係性の視点で書かれているのである。そこにはいかなる普遍主義的主体も登場する余地はない。

こうした規範的関係主義の視点こそ、われわれが今なおマルクスから学ぶべき社会哲学の出発点であろう。

(2) 労働・生産

マルクスは『資本論』の第一篇の商品論冒頭において、個々人の労働が価値を生むというように、労働を超越的人格に規範的に内属するものとみなした。しかしながらマルクスは、こうした商品の価値規定としての労働とは別個に、資本の一般的定式を説いた後の第三篇の資本の生産過程において、本格的に「労働過程」の構造を論じている。

もちろんこの労働は、資本の生産過程から具体的属性を削ぎ落としたものとして、カントに始まりロールズ以降の現代リベラリズムに典型を見るような、「どんな特定の社会形態にもかかわりなく」抽象的で普遍的に考察されている。こうした労働の普遍主義的構成だけに限れば、マルクスをカント的リベラリズムの継承者とみることもできよう。しかしながらマルクスは、商品世界の物神性から商品の「形態」を剥ぎ取れば、その背後には人間の投下労働時間という透明な「実体」が裸のまま存在すると考えていたわけではない。むしろ単なる商品世界からではなく、あくまでも資本主義的生産を通して、それに蔽われてのみ労働過程は存在しているというのである。この違いは一般に考えられるよりもはるかに大きな規範理論的射程をもっている。

すなわちマルクスの労働過程は、けっしてデカルト以来の古典的形而上学が説くような「形態(Form)」の対概念としての、「存在するために他のいかなるものも必要とせずそれ自体で存在する」

「実体（Substanz）」を意味するものではない。ここにおいて商品という「形態」と労働という「実体」とは何の文脈的関連もない。そればかりか労働は、人間の実体とか本質とかいうあらかじめ関係に先立つ前提ではなく、ましてや単なる人間（主体）から自然（客体）への一方的な働きかけではない。それは、経済原則と呼ばれる「あらゆる歴史社会に共通する」人と物との、それゆえ人と人との循環的なシステム連関のなかに位置づけられて初めて意味をもつのである。

それゆえ労働および生産は、あくまでも、生産手段と生活資料への労働の配分（再生産表式）および必要生産物の生産を越える剰余生産物の生産への労働の配分（蓄積）を含む、したがって労働力の再生産過程（消費）に補填されてはじめて成り立つ、社会的物質代謝の総体的な構造連関[★25]であると理解しなければならないだろう。たとえば資本主義社会は、一般には$G-W\left\langle\begin{smallmatrix}A\\Pm\end{smallmatrix}\right.\cdots P\cdots W'-G'$という循環形式で表現されるけれども、じつは、これだけではけっして成り立ちえない。生産された商品（W′）のうちに必ず生産手段とともに生活資料（Km）を含み、したがってそれと同時に、G—W（Km）…A—Gという小循環を必要とするのである。人間の労働は、財の生産＝人の労働力の消費と、人の労働力の再生産＝財の消費という構造的な相関性のもとに初めて実現される。

それゆえ労働は、自然法論者の説くようなあらかじめ人間が自己の身体のうちに所有する普遍的力能の支出ではない。それは人間の相互依存的な社会関係のなかで営まれる分業・協同関係、すなわちマッキンタイアのいう「首尾一貫した複雑な形態の、社会的に確立された協働的な人間活動としての実践（practice）」として理解されねばならない[★26]。それゆえこうした労働＝生産過程は、その消費過程とともに、商品の価値実体なるものからもしたがって財の所有の規範的根拠からも独立に、資本主義市場経済による人間のアトム的断片化の背後に隠された深層構造として、社会＝共同体の自律的な維持と再生産を支えているのである。

資本主義市場経済が個々人の利己的行動の総和のような外観を呈しながらも、それがなにがしかの規範的秩序性を維持しうるのは、まさに資本という形式を支えるこの最終審級の共同性、すなわちテイラーのいう「公共空間」に依存しているからにほかならない。

（3）労働力商品

それでは、マルクスが資本の一般的定式G―W―G′と資本の生産過程を媒介する位置に「労働力の売買」を置いたことは果たしてどういう意味があるのだろうか。いいかえれば、労働力が商品として売買されることにどんな規範的特殊性があるのだろうか。

通俗的には一般の商品が労働生産物であるのに対して、労働力がそうでない点に商品としての擬制性があり、これが賃労働という労働形態の不正義性を表現していると理解されている。だがこれは不正確な理解だろう。むしろ労働力という商品こそは、これによって市場経済が労働・生産過程を包摂し、それゆえ商品による商品の生産が実現し、商品生産が全社会的に編成される基軸をなす。したがって資本が労働力という何でもつくれる商品を購入することによって、初めて人間の労働の生産物が普遍的に商品となるのである。それゆえあらゆる労働生産物が商品になるという資本主義の「普遍」性は、労働力という「特殊」な商品に支えられている。これこそが資本主義という社会の根源的パラドックスであろう。

しかも労働力という商品は、それまで労働力という人間の財＝善が埋め込まれていた多様で多元的な共同体を、したがってそれぞれの社会のもつ「共通善」を解体することによってのみ初めてその存立が可能となる。それこそは近代に特有の個人主義とアトミズム、すなわち人間の孤立とそのもつ諸徳の断片化をもたらす唯一かつ決定的な根拠である。

それゆえこのことは、労働力の商品化にもとづく資本主義という社会においてのみ、価値という人と人の特殊な関係性にすぎないものが人間労働の結果として、いいかえれば人と物の普遍的な関係として転倒して観念されることを意味する。たしかにマルクスは資本主義経済の総体を労働価値説の体系として解明した。だがそれは、『資本論』が古典派と同様の労働価値説を前提にした普遍主義的体系であるという意味ではない。この点で宇野が、冒頭の商品ではなく、労働力という文字どおり特殊な商品に即して初めて労働価値説の根拠を説いたことは、マルクスの規範理論を極限まで推し進める画期的なアイデアであった。マルクスの規範哲学は、労働が価値を生むのではなく、資本主義において初めて価値関係が人間労働と合体する。あるいは誤解を恐れずもっと大胆なレトリックを用いれば、あたかも労働が価値を生むものであるかのごとく現象する、と言い換えてもよいだろう。すなわち、まったく別の構造をもつ流通と生産が、それゆえ商品の価値と労働が、労働力商品という特殊なメディアを介して初めて偶然的に接合されるのである。

ここにおいてようやく、マルクスの労働価値説が語の厳密な意味での「労働価値説批判」であるという意味も明確になろう。

すなわち、ロック的な自然法的主体に規範的根拠を与え、マクファーソンのいう所有論的個人主義、ノージックによるリバタリアニズム、そしてコーエンらの分析的マルクス主義に受け継がれてきた「人間は、自分自身の身体とその諸力を道徳的に正当に所有する主体であり、各人は自分の意思どおりにその諸力を行使する（労働する）自由を有する」★27というリベラリズムの普遍主義的人格観が、なんら規範的正当性をもたない極めて特殊な資本主義のイデオロギーであることが明らかになったのである。普遍的な労働が特殊な商品の価値に対象化されるという労働価値説が、特殊に資本主義世界・内・存在としての個々人の表象においてのみ妥当するフィクションであることが明確にされたといってもよいであろう。

（4）所有

こうしてマルクスの理論体系は労働が価値を生むことを前提に、剰余価値の資本家的搾取を批判しているという常識的な誤解もようやく払拭することができよう。むしろ逆に『資本論』は、労働と価値とが等置される近代市民社会そのものへの規範的批判をバックグラウンドとしているのである。

このことを想起すれば、宇野弘蔵がその著作の中で、マルクスが資本の蓄積過程において前提とした「自己の労働にもとづく所有」というリベラルな観念が、どうしても自分には納得がいかないと度々反駁していることの意味も、ようやく理解可能になろう。「自己の労働にもとづく所有」という観念は、商品論における労働価値説を交換過程の視角から人格的に表現しなおしたものであり、価値論の規範理論的性格をもっとも端的に示すものだからである。たとえば宇野はマルクスを

批判して次のように言う、

「この『自己の労働に基づく』所有権が、いかにして『それ自身の内的な不可避な弁証法によってその反対物に転倒するのである』かは、私の理解しえないところである。むしろ『自己の労働に基づくものとして現れる』『所有権』も、それだけでは商品経済的体制としては確立されないで、労働自身も労働力なる商品の売買を通じて資本の形式の下に行われながら、その所有権が『労働に基づく』ものとして確立されるところに、弁証法的転倒があるのではあるまいか。単に『自己の労働』によって得たものであるというだけでは、商品経済的私有を確立するものではない。それは……商品経済的には『同権の商品所有者のみが対立する』関係を通して確立せられなければならない。言い換えれば、労働自身がかかる『商品所有者のみが対立する』私的所有関係の下に行われる労働となる、資本家的生産方法において始めて、労働は近代的所有権の実質的根拠をなすことになる。★28」

このように宇野は、マルクスが所有の根拠を人間の自己労働に求める想定を明確に否定した。この主張は、マルクスの体系が、人間を本来的に労働力の所有者とみなす自然法的人間観をいまだ十分に払拭し切れていなかったことを意味していよう。

すなわち人間はロックのいうように生まれながらの労働力の所有者であるわけではないし、マルクス主義者のいうように生産力の一定の発展が必然的にこのような所有主体をつくりだすわけでもない。さらには一部に誤解されているような市場経済の発展が自動的にこのような人間像を構成するわけでもない。マルクス本来の含意は、労働力の所有とは、まさに労働力が商品として売買される特殊な社会関係の前提ではなく結果だということである。すなわち商品経済的な売買関係が生産過程まで蔽い尽くし、多様な共同体的人間関係が崩壊して労働力の雇用関係が商品経済的に実現されるとき、逆にそれに先立って、あたかも人間は生まれながらに労働という固有の能力を所有する「天賦の人権」の主体であるかのように錯認されるというのである。

マルクスの問題意識には、こうした想定を可能にする超越的で普遍主義的なリベラリズムの人間観に対する規範理論的批判が含まれていると解すべきであろう。すなわちリベラリズムが社会に先立って設定した自存的で自由な自我観・人間観そのものが、じつは資本主義という特殊な社会関係が客観的な根拠をもってつくりだすフィクションなのである。それは、資本主義のなかに位置づけられ、資本主義そのものに負荷をもつものとして構成しなおされなければならない。

【2】資本論を読み替える

以上の検討からマルクスの理論体系のなかに、時にはリベラリズムという高音域に掻き消されながらも脈々と流れる通奏低音は、先にみたコミュニタリアンたちと共通する社会観であることが明らかになった。

したがってマルクスの規範理論は、独立した自由な個人を前提にしてその行為によって現実の社会制度を構想しようとするリベラリズムの転倒性を正確に暴きだすことができた。こんにち新古典派ミクロ理論や新制度学派のみならず分析的マルクス主義やさらには宇野学派のほとんどの主唱者までもが、方法論的にも倫理的にも個人主義を採用しつつあるだけに、この点は再度強調しておかねばならない。すなわち資本主義という特殊な社会関係こそが「社会契約」というイデオロギーを構成し、その結節に普遍的「主体」を絶えず映現し正当化していくのであり、その逆ではない。マルクスの『資本論』は、けっして単なる経済学のテキストにとどまらず、むしろリベラリズムの社会観の倒錯性をラディカルに抉り出したメタ規範理論（正義論批判）として読まれなければならないのである。

こうしてわれわれはマルクスの規範理論の意義を、いわゆるマルクス主義のように、生産手段の所有を基礎にして不払い労働の領有を実現するといった、財の「独占」の不公正批判に求めることはできない。まったく反対に、「自己所有権」に根ざすリベラリズムの諸規範そのものが、特殊歴史的な資本主義の（1）流通（2）生産（3）分配の総プロセスにより、不断に「普遍」的で「合理」的な根拠を与えられることを論証することによって、その分析は完遂されなければならない。

すなわち、（1）流通過程においては、多様な共同体秩序に対する外部的関係としてしかあらわれえない財を対象とした私的所有が、（2）たまたま労働＝生産過程を自己の規範的正当化の根拠として持つことによって、すべての社会関係を一元的に編成するのがリベラリズムの諸規範であり、（3）それゆえこの資本主義社会においてのみ、自由な個人の合意を通じた財の分配とその一元的「支配」を保障するリベラル・デモクラシーの物神化が完成する。

『資本論』こそは、「自由と平等および『労働』にもとづく所有の王国[★29]」という権利ないし正義のイデオロギーが成立する根拠を、資本主義の深層構造から暴露した、すぐれてコミュニタリアン・マルクスによる規範哲学の古典的テキストなのである。

（1）交換の正義（流通論）

リベラリズムが支配的な近代社会は、独立・自由の普遍的主体である人格がまず自存し、しかる後に彼が平等な契約によって社会関係に入るものと観念される。そして近代世界においては、こうした超越的な人格の尊厳性を支えるものは、諸個人があらかじめ自らの身体と生命を「自己所有（self-ownership）」するという観念であり、それを自己の外部に表出する行為こそが、労働によって自然対象を支配する「所有権（ownership）」であるとみなされてきた。しかしこうしたリベラリズムの社会観は根本的に逆立ちしている。すなわち人間は、他者との対他反照的な関係のなかにおいてのみ自己を確証できるのであり、社会に先行する自我とその財の所有なるものは市場経済のフィクションでしかない。こうしたリベラリズムにおける所有観念のイデオロギー的存立根拠が、まず『資本論』第一巻一、二篇の流通論によって解き明かされる。

①商品

マルクスによれば、資本主義の財は厖大な「商品（Ware）」の集積であり、そこにおける基本的な社会関係は、商品の担い手（Warenbesitzer）が商品の交換を通じて相互に相手を私的所有者（Privateigentümer）として承認し合う、契約としての意思関係（Willensverhältnis）であるといわれる。しかしながら商品経済はけっして人間が主体として取り結ぶ社会関係ではない。それはどこまでいっても商品と商品の排他的で差異的な関係性でしかないのである。すなわち商品は絶対に単独では存在しえない。それは必ず相対的価値形態と等価形態という二つの項をもち、しかも互いに牽引し合いながら反撥し合う相互に不可分で非対称的な関係性そのものなのである。

それゆえ相対的価値形態の位置におかれた商品（リンネル）は、単独で自らの価値を表示できない。その価値は、等価形態に置かれた他の商品（上着）の使用価値によって表示するしかない。この関係において、リンネル商品にはたしかに担い手としての人間が存在するであろうが、この人間がなぜ商品の担い手の地位にいるのかは不明である。すなわちその商品の支配に客観的で合理的な根拠ないし正当性があるわけではない。この商品の担い手は、たまたま「自己のためにする意思をもって財を現実に支配している」という事実」すなわち「占有（Besitz）」している状態にあるにすぎない。

こうしたリンネル商品の価値の表示は、等価形態に置かれる商品が増えるにつれて無限に拡大される。こうしたカオスは、複数の商品が共通に価値表示の対象とする財の登場によって解決されるしかない。この一般的等価形態の位置におかれる財が「貨幣（Geld）」であり、それはどんな商品とも直接交換しうる唯一の価値物としてのフェティシズムをもつ。この貨幣が価値尺度機能を行使することによって、初めて商品は価値どおりに購買され、商品財の担い手は「所有者

（Eigentümer）」として認知されるのである。

それゆえマルクスがいうように、所有はまさに、「ただリンネル商品が上着商品に関係する価値関係のなかでのみ認められる。このような反照規定とは奇妙なものである。ある人が王であるのは、ただ他の人が彼に対して臣下として振舞うからである。ところが彼らは逆に、彼が王だから自分たちは臣下だと思うのである[★30]」。

このことは、商品の所有者がけっしてリベラリズムの説くような、独立した自由な主体ではありえないことを意味していよう。リンネルの所有は、商品の譲渡の「申し込み」に対する貨幣の側の購買の「承諾」によって初めて実現される、ひたすら貨幣という社会の絶対的主体（王）にひれ伏すかぎりで存在を許される客体（臣下）でしかない。いいかえれば、「所有」は流通の前提ではなく結果でしかないのである。しかもこの商品の所有は、人間の自己所有権としての内属的な「人格」によって基礎づけられておらず、それゆえ誰の労働によってどのように生産されたかは全く分からないままである。こうした所有者としての地位は、購買によって取得されると同時に財の消費によって消滅する瞬過的なものにすぎない。

②貨幣

こうした商品の売買における所有の観念は、W—G—Wという商品の流通形態を編成する。このうちW—Gという販売過程はもっぱら貨幣の側に依存する不確定な「命懸けの飛躍」であるが、これに対してG—Wという購買過程は貨幣のイニシアティヴにより何時でも実現できる安定した過程である。それゆえ販売は購買と分断され、流通は市場の絶対的主体である貨幣において留まることになる。これが貨幣の蓄蔵である。こうして商品の所有者は、自己の蓄蔵貨幣を根拠にして対価の受け取りを一定期間遅らせることが可能になり、商品の譲渡を現在の時点で先履行することによって確実な売買を実現する。こうした信用販売によって貨幣が固定され、商品の所有者は財の譲渡によってその地位を失い債権者となるしかない。

ここにおいて商品の所有は、将来の貨幣に対する商品前貸しすなわち掛売りとしての「債権」と、掛買いによって約定期間後に生じる代金の支払い義務としての「債務」というふたつの観念に分裂して登場する。この期間という観念を規範的に表現するのが「契約」のカテゴリーであり、債権者と債務者はこの契約という関係性の非対称的な両項としてのみ存在しうる。貨幣の支払い猶予期間のあいだ、今度は債務者が「商品所有者」としての地位に立ち、一見すると彼は契約の期間中、市場から一時的に独立した自由な主体であり続けるようにみえる。しかしながら、彼はどこまでも金銭債務にがんじがらめに縛られた存在であり、それゆえ債務の履行の実現とともにこの商品財は消費に落ちて、彼は所有者としての地位を失わざるをえない。ここにおいても商品所有者としての「人間」は流通の結果にすぎず、永続する主体たりえなかったのである。

③資本

これに対して契約による売買すなわちW―G―Wを介さず、まったく市場の外部から地金の供給として新たに流通に入るいわゆる世界貨幣ないし資金は、所有権の新設の要因をなす。周知のようにアダム・スミスは、無人島にたどりついた人間が自生する植物を採取し野生動物を捕獲する「先占・拾得・発見」をもって、所有権の最初の取得原因とみなした。しかし社会に先行する個人が誰のものにも属していない財を所有するという想定は自然法の生み出したフィクションにすぎない。スミスと異なりマルクスは、複数の流通圏間の交換ないしは流通からの退蔵という特殊な社会関係のもとに置かれた、地金（資金）から始まる流通を想定する。それはG―W―G′という新たな流通形態である。

すなわちこの資金によって購買された財は、使用価値ではなく最初から価値物として所有されており、それゆえ再び貨幣という形態に戻るしかない。

これが第一の資本の形式としての商人資本形式G―W―G′である。この流通形態は、最後が最初に復帰する永遠の運動態であり、ここにおいて人間は絶えずその支配する財を変えながら、抽象的な価値支配のタイトルを保持し続けることが可能になる。しかしこの形態における価値増殖G′（G＋Δg）の根拠は、商品財の持つ使用価値性の選択に依存しており、いまだこの運動における価値増殖の根拠は、「安く買って高く売る」不正義の交換による以外にない。

また、資金の所有から始まる運動は貨幣の貸借による利子の獲得根拠としてもあらわれる。これが第二の資本形式としての金貸資本形式G……G′である。ここでは、資金の価値支配性は「債権」として貸し手に保持されたまま、消費貸借契約によって貨幣の利用権のみを他者に譲渡し、その債務の履行という形式において貨幣は最初の所有者の手元に戻る。所有者は商品財の使用価値性から完全に解放され、この形態はたしかに純粋なる価値の自己増殖運動である。したがって資金の所有者は資本の姿態変換を自由に支配する「主体」になったようにみえる。しかしこの運動態においては、媒介する商品財そのものを欠いており、それゆえその使用価値性の払拭は交換の正義そのものの喪失である。それはやはり価値の自律的な自己増殖運動たりえない。

これらに比べて第三の資本形式、すなわち内部に生産過程…P…を媒介させたG—W…P…W′—G′という産業資本形式は、個々人の自由意思による平等な契約を保障し、財に対する絶対的な処分の権原を保持するとともに、その過程の内部に価値増殖の根拠である生産を含むことで、資本としてのオートノミックな運動態を実現する。ここにおいて初めて「交換の正義」が実現される。個々の商品財の担い手は、ようやく資本という物象的運動態の「人格」化として、全面的・包括的・永久的な価値の所有権者すなわち資本主義社会の「主体」としての地位を獲得できることになるのである。

(2) 自己所有権の正義(生産論)

つづく第一巻の三〜六篇および第二巻において、こうした商品の所有の根拠が人間の労働とその自己所有権そのものに求められ、歴史的に特殊な社会システムである資本主義が、あたかも規範的に普遍的な根拠を持つ社会であるかのごとく観念される背景が解明されることになる。

①資本の生産過程

あらゆる人類社会は労働によって自然に働きかけ生産物をつくりだし、そのうちの必要労働部分を消費して再び自らの労働力を形成する。この労働・生産過程をそれ自体として抽象すれば、それはたしかにどんな歴史社会にも通時的に存在する普遍的な原則であろう。しかしこの普遍性はそのものとして裸のままでは存立できない。それゆえ資本という特殊な流通形式は自らに普遍的相貌を付与し、自己を自律的に再生産する根拠として、こうした労働・生産過程を内部に包摂することが必要となるのである。

だがここに資本主義の最大のアポリアがある。この包摂のカナメをなす労働力という商品は、流通形態自身から出てくるものではないという点である。この商品は、その供給を資本の外部に求めるしかない。それは、とりもなおさず労働力以外に売る財のない無産者の形成であり、この形成は唯一それに先行する共同体の崩壊という具体的で特殊な歴史的条件のもとでのみ可能となる。すなわち労働力の商品化は、これまでに存在した歴史的・伝統的な共同体的人間関係を解体することを絶対的条件とし、ここに初めて語の厳密な意味での「アトム的個人」が要請されるといってよい。すなわち自由な個人は、いわゆる商品所有者一般としてではなく、まず何よりも労働力の所有者として以外に存立しえない。

商品としての労働力こそは、まさに共同体から遊離した「負荷なき自我」そのものである。自由な自立した「人格」は、労働力の商品化の規範的表現としてのみ現実化し、どこまでも特殊資本主義によって構成される「主体」概念である。それゆえ一般に誤解されているような資本家が自由な主体であり、労働者は不自由と不平等を強制されるというのではない。まったく逆である。自由な個人というリベラリズムのイデオロギーは、まず労働者において顕現する以外にないのである。

しかも資本がこうした労働力を購入し使用する「資本の生産過程」は、労働力の消費である労働をとおして維持されるため、商品経済的な価値という特殊な社会関係が人間の労働という普遍的な根拠によって基礎づけられることになる。資本家としての「生産者」は、購買された労働力の資本としての支出すなわち「労働」によって生産された財を正当に「所有」する。そのうえこの商品の価値と労働との接合は、労働力の商品化という商品経済的紐帯だけで実現されるため、あたかもあらゆる人間社会に共通する人間の労働行為がそのまま商品経済的な価値を生むかのように転倒して観念される。こうして財の価値の根拠は、人間が生まれながらに内属してもつとされる普遍的労働能力なるものに求められ、「人間は本質的に自分自身の身体および諸力の所有者であり、その力を得るにあたって社会に何も負うところがない」というロックいらいの「自己所有権」が天賦の自然法的人権として観念される。

ここに、人間が財に対して行使する直接無制限の支配権としての所有権が、労働価値説とパラレルに自然法的な正当性を受け取る。すなわち労働力の価値関係を基軸として、あらゆる社会的な財は労働を基準として交換され所有されるものとなるのである。

さらに労働者がその得た賃金によって労働力の再生産に要する生活資料を買い戻す関係は、労働力の価格に、「雇用」による時間賃金、「請負」による個数賃金といった労働賃金形態を与えることによって、労務に対する報酬の観念を全社会的に日常化することになる。「労働の報酬」という規範観念はけっしてマルクス経済学が説くような階級関係を隠蔽する擬制ではない。それは、労働価値説そのものに客観的で合理的な根拠をもつものとして、資本主義においてあらゆる人間が受容する「普遍」的規範観念となるのである。

②資本の流通過程

こうして資本は、生産手段の所有を不変資本として、また労働力の給付としての労働債権を可変資本として表示することにより、生産過程をも資本の流通過程G―W…P…W′―G′の一部として一元的に統合して観念させることになる。資本とは貨幣・生産諸要素・商品という三つのかたちに絶えず姿態変換（Metamorphose）しながら、財が新しい財に転換するための必然的な循環過程としてあらわれる。それゆえ規範的には、人間があらゆる財を交換により正当に所有する社会契約の合意過程としてあらわれる。

この意味において資本の循環形式は、そのままリベラリズムにおける社会秩序の正当性の根拠を暴露するものといえよう。すなわち、貨幣資本の循環G…G′は、すべての諸個人が主観的には自由に自己の私的利益を追求することを意味し、こうした行為の連鎖が同時に商品資本の循環W…W′すなわち自由な財の移転と配分を適切に実現することを示す。そしてまた、生産資本の循環P…Pは、これらの人間の相互行為と財の配分を通じて、社会的秩序の維持と再生産がいわば間主観的に達成されることを示している。

こうして資本の流通過程は、資本主義それ自体が社会の成員の日常的規範意識にどのように現われるかという倒錯観念そのものの記述としてある。

資本の流通過程においては、物としての財を支配する不変資本と人としての財を支配する可変資本とが、無差別に契約による秩序の編成過程としてあらわれた。その結果いっさいの資本が、流動資本と固定資本というもっぱら回転期間の相違にもとづく財の公示方法の違いに解消される。それは規範的には「動産」と「不動産」という法的な財の区分方法に一歩接近したものといってよいだろう。ここでは資本の価値増殖運動さえ、一定の所有する資本財に対する元本の回収と果実の取得という効率の問題として評価される。資本は、流通費用と回転期間によってその剰余量が決定されるという倒錯合理的観念が「市民社会の先入見」となるのである。

③資本の再生産過程

こうした資本によるあらゆる財の移転の運動態は、たんに個別資本の姿態変換ではなく、他の資本による財の移転と連動して、社会のトータルな規範秩序を構成することになる。

資本の蓄積は、単純再生産はもちろんその拡大再生産においても、追加的な労働手段と追加的労働対象の生産を促し、その購入によって増加した財の所有を正当に資本に帰属させるといってよい。しかしながら資本は、追加労働力そのものは資本主義的に生産しえず、したがって資本のもとに確保しえない。もともと労働力はその社会の絶対的な自然人口によって限界を画されており、それは社会的にプールされている過剰労働力のなかから雇用契約によって取得する以外にないのである。このことは人間の労働力は、がんらい資本の外部にある「共同体」的財であり、ウォルツァー流にいえば市場による「支配」ないし貨幣による「配分」になじまない複合的な財＝善の領域にあることを示していよう。

しかし資本は景気循環という独自の自己調整機能によってこの限界を解決する。すなわち、好況期には、既存の資本構成を維持したまま固定資本の増投をはかり、蓄積の拡大にもとづいて労働力の吸収をはたす。それはやがて労働力不足をまねくが、不況期には、固定資本の変革によって資本の有機的構成の高度化をはかり、過剰な労働力を排出する。資本の蓄積は、こうした景気循環の反復を介して実現されるのであり、社会はつねに一定の労働力の確保によって秩序を維持し規範的な正当性を保つことが可能になる。このことはまた労働者においても、不況期における賃金の下落・労働日の延長・労働条件の悪化、および好況期における賃金の上昇・労働日の短縮・労働条件の改善というプロセスを繰り返すことによって、総体として賃金が労働力の価値へと収斂し、標準労働日や基本的労働条件が設定されていくことを意味する。それゆえ労働者は自らの規範意識において資本主義秩序を肯定的に受容し、社会の不可欠の成員として自己自身を表象していくことになる。

そしてまた諸資本の競争は、再生産表式にいう生産手段と生活資料の配分を均衡的に達成していく。このことは、労働力の各部門への配分が、価格変動を通じた資本の移動を通じてオートノミックに自己調整されることを意味する。このことは資本主義という特殊な社会においてのみ、所有権の絶対や契約の自由とともに、生命・身体・居住移転・職業選択などといったいわゆる基本的人権が保障されること[★31]を意味する。それゆえ資本家と労働者の双方の規範意識において、自己所有権に根ざすリベラリズムそのものが正当なものとして受容されることになるのである。

（3）配分の正義（分配論）

資本主義社会では、流通過程における価値関係が生産過程における労働と結合されて、労働＝価値という等式が規範的に正当化された。そして、資本の流通過程によって財の支配が一元的な市場における契約の過程に解消され、さらに資本の再生産過程においては、資本と労働の双方にリベラリズムの諸規範が受容されていった。これを受けて第三巻では、われわれの社会では多様な財が最終的にどのように具体的に分配され、それが社会の成員の意識においてなぜ承認されるのかという「配分の正義」が扱われる。

しかもこうした配分の正義は同時に、資本主義社会において各成員が自由で平等な所有主体として認知され、「社会に先行する自我」が確立する過程でもある。すなわちここにおいて、リベラリズムによる社会契約論が、資本主義社会の逆立ちしたイデオロギーとして最終的に完成するのである。

①利潤

資本主義という社会秩序のなかでは、資本が自由に演ずる競争的活動をつうじて公正な分配としての財の支配が規範的に正当化される。

労働者が主観的には賃金の引き上げと労働時間の短縮をめざすことと同様に、個別資本はその経営活動のモチーフとして、費用価格の切り下げと販売価格の引き上げによる利潤率の最大化をめざす。しかし個別資本には生産部門や流通期間の違いにもとづく資本構成や回転速度の差異が存在するために、実際には商品は、自然法思想や古典派経済学が説くような労働価値を基準にした売買が行なわれるわけではない。好調な部門では商品の需要が供給を上回り市場価格が上昇するが、不調な部門では需要が供給を下回り市場価格は低下していることはいうまでもない。資本の競争がこのような利潤率の不均等を解消する。好調部門は新たな資本の参入により、生産と商品の供給の増加により市場価格はしだいに低下していく。他方、不調部門は資本の退出により、生産と供給の縮小がみられ市場価格はしだいに上昇し始める。こうして、個別資本がより高い利潤を追求する競争の結果、部門間の資本の流出入をつうじて資本の利潤率は均等化していくことになる。

このことはまた同一商品市場にもあてはまる。そこでは費用価格の切り下げや販売価格の引き上げは機能せず、資本間の競争は固定資本の変革による労働生産性の上昇、いいかえれば生産物一単位あたりの必要労働時間の短縮によって市場調整価格を超える超過利潤の獲得をめざす競争であるといってよい。この場合、超過利潤は他の資本に先んじた技術革新の結果であり、追随資本が増加するとともに超過利潤は低下し、やがて新技術が全企業に及ぶときそれは消滅するしかない。こうして資本の競争は利潤率を均等化させ、資本の生産物は費用価格に平均利潤を加えた生産価格である市場調整価格を社会的基準として販売されることになる。

こうした平均利潤の取得を人格化して表現したものがいわゆる「資本家」として観念される。それゆえ規範的には労働という生産要素の提供者が「労働者」として賃金の正当な取得権者であったのとまったく同様に、「資本家」は資本という生産要素の提供者であるかぎりにおいて、利潤の正当な取得権者としてあらかじめ自存する主体であるとみなされることになる。

②地代

商品経済のイデオロギーである所有は、労働力の商品化により生産過程を背後に持つことによって、それが労働を根拠にした普遍的権利＝正義であるかのような規範的正当性を確立することができた。だがそのためには、いわゆる本源的蓄積により直接生産者を共同体から排除するものとして、土地の先占（Grundbesitz）をかならず外部に前提とせざるをえなかった。そして資本の競争的な運動メカニズムは、この「制限され独占されうる自然力」である土地に関しても「所有権（Grundeigentum）」を設定するのである。

先に利潤について見たように工業部門における資本の競争は社会的な標準投資にもとづいて利潤率は均等化され市場調整価格（生産価格）が決定される。これに対して農業部門においては、土地の自然的な制約のために最劣等地への資本投下を基準にして農産物の市場調整価格が決定される。それゆえ優等条件の土地に対する投資は、市場調整価格を超える超過利潤が生み出される。しかし土地という自然力は工業部門のように生産条件を均等化するメカニズムを保持しておらず、それゆえこの超過利潤を資本の外部に排出する以外に利潤率を均等化する方法はない。こうして資本は平均利潤を超える超過利潤を所有する規範的正当性をもたず、みずからの外部にその取得権原をもつ「主体」を創り出さざるをえない[★32]。こうした超過利潤が差額地代Ⅰであり、それを取得する主体が「土地所有者」として人格的に表現されることになる。

また最劣等地が耕作し尽くされてもさらに農産物への社会的需要がある場合、資本は優等地に対する第二次投資に向かわざるをえない。この第二次投資が最劣等地よりも生産性が低い場合、優等地の第二次投資が市場生産価格を決定する調整価格となり、最劣等地にも超過利潤が生じる。これが差額地代Ⅱであり、これによって最劣等地を含むすべての土地に地代が生じ、したがってその取得権原の人格化である「土地所有者」があらゆる土地に成立することになる。こうして土地所有者とは、資本自身が利潤率の均等化をつうじてつくりだす「人格」であることが明らかとなる。

ところがこのロジックはその極限において逆立ちした観念を創出する。すなわちすべての土地に所有者が成立すると、あらかじめ土地所有の「主体」なるものが社会に先行して自存し、しかる後にこれが逆に土地の利用を許可するという倒錯的観念が生み出されることになる。このように地代の人格化として成立した土地所有が、逆にそれを根拠にして利用者に地代を要求することの規範的正当性を、マルクスは絶対地代と呼んだ。

いまや資本相互の競争関係が、平均利潤の人格化として資本家という観念をつくり出したのと同様に、農業部面では、超過利潤としての地代の人格化が土地所有者という観念をつくりだした。これらの過程はまさに、特殊具体的な社会関係からどのようにして超越的で普遍的な人格概念が構成されるかという、リベラリズムのイデオロギー的転倒のプロセスを典型的に示している。

すなわち資本主義は、資本という特殊な関係が、商品による商品の生産を通して全社会関係を一元的に編成する。そこでは労働者の「労働」そのものが生産要素とみなされ、労働力商品の価格である賃金が労働の報酬として観念される。これに対応して、生産過程が資本・土地・労働の三要素によって成り立ち、それゆえ生産物の価値が資本―利潤、土地―地代、労働―賃金として分配されるという、いわゆる三位一体の規範が形成される。まさに資本主義社会の分配過程においては、ウォルツァーのいう「単一なる平等」にもとづく「配分の正義」が支配する。しかもそれぞれの生産要素の提供者が「人格」化され、資本家・土地所有者・労働者が、おのおの提供される財に先行して自存する自由な規範的「主体」としてあらわれる。これこそがサンデルの暴いた「負荷なき自我」の正体なのである。

③利子

さて、このような資本の姿態変換の運動は、その循環過程のうちに資本機能を遊休する貨幣を部分的に生み出さざるをえない。こうした遊休資金を資本が相互に融通し合って利用に転ずる関係が「信用（Kredit）」である。

それはまず商業信用としてあらわれる。産業資本相互における商品の売買においては、将来の貨幣の還流を見込んで掛売りが行なわれる。この将来の支払い約束を紙片（有価証券）に標章として表したものが手形であり、それは貨幣に代わって流通の連鎖を編成する。さらにこの手形を割り引くことによって、遊休貨幣資本を預金として集中する「主体」である銀行が形成される。個々の産業資本はこの銀行への遊休資金の集中と再配分とを通して、資金の商品化を実現するのであり、この資金の価格として一般利子率が確定することになる。すなわち個別産業資本は、資金の供給によって流通過程が加速され追加利潤が生まれるのであり、これが利子の根拠となるのである。こうして商品の売買におけるイデオロギーである所有権とともに、これを補完する貨幣の貸借におけるイデオロギーとして債権が成立する。

こうした契約における所有権と債権（利子）という規範観念は、産業資本の流通過程そのものを独立に受けもつ商業資本の確立とともによりいっそう明確になる。すなわち商業資本は、ほんらい産業資本における利潤形成にとってマイナス要因である流通費そのものを資本化するのであり、商業資本の利潤は、信用による利子とそれを超える企業者利得という二つの観念に分かたれる。それは資本主義の成員であるあらゆる諸個人の観念を覆い、それゆえ産業資本の利潤観念そのものにも反映される。

資本主義市場経済においては、一方において、財の所有はひとりでに利子を生むという観念をつくりだす。いわゆる「それ自身に利子を生むものとしての資本」という資本の物神性を示す理念[★33]である。それは、あらゆる定期的収入を利子率によって還元し、その元本を擬制資本として商品化する。これによって資本そのものも土地も一定の価格を与えられて商品財となり売買の対象となるのである。

それはまた他方で、資本家の企業活動が企業者利得を生むという観念をつくりだす。それは労働者における労働─賃金の観念とともに「自己労働にもとづく所有」という規範イデオロギーを最終的に完成させる。これこそが、あらゆる財の所有の最終的根拠を人間の労働に求める観念[★34]を正当化するとともに、さらにさかのぼって、人間はあらかじめその身体と精神のうちにそうした労働する能力すなわち労働力を「自己所有」するというリベラリズムの出発点を、社会の全成員の規範意識に普遍的に完成させることになるのである。

（4）資本論の規範理論的意義

まとめておこう。以上のように資本主義社会においては、労働の所有者と同様に資本の所有者も土地の所有者も単純な財の所有者に解消される。資本主義は労働力の商品化をもって社会の規範的正当性を確立したが、社会関係の現実の主体である資本そのものを商品に還元することによって、この社会における配分の正義をウォルツァーのいう「単一なる平等」に一元化することができた。そしてまたこの「商品」の人格化こそが、カント的なあらゆる属性を削ぎ落とされた抽象的で普遍的な人格の概念であり、ロールズ的な無知のヴェールを被せられた自然状態の個人であり、そしてまたロックやノージックのいう自己所有権という超越的で自由な人間の理念であった。

リベラリズムはあらゆる社会関係に先行してこのような「人間」を前提において、その社会契約からあるべき正義の社会制度を構想した。これに対してわれわれのマルクスは、こうした「人間」なるものが資本主義の流通・生産・分配の総体的な構造によって創りあげられる最終的フィクションであることを明らかにした。リベラリズムにおける社会制度の仮想物語はある意味で単純である。われわれがいま解明してきた『資本論』の道筋を、最後から最初へと逆に進んでいけばよいだけのことである。

こうしてマルクスの資本主義批判は、リベラリズムや分析的マルクス主義のような自由・平等といった普遍的規範の探求によってではなく、逆に、資本主義の特殊性そのものに沈潜することを通じて果たされることになる。資本主義は多元的で多様な社会・共同体のひとつにすぎない。だがそれにもかかわらず、そうした共同体の多様な文化や伝統を破壊し社会を一元化しようとする。マルクスの資本主義批判は、資本主義に代わりうる新たな普遍主義を求めることではなく、人間を多様で多層的な分厚い共同体的社会関係のなかに位置づける、そのかぎりで自覚的な特殊主義の探求であったように思われる。

そしてそれは、現代のコミュニタリアニズムが向かおうとしている方向と同一であり、しかもその規範的根拠をよりいっそう厳密に定義しているように思われるのである。

3●——可能なる資本主義批判

では、このようにマルクスのテキストをコミュニタリアン的視点から解読することによって、どんなポジティヴな社会規範を提起することができるのであろうか。最後に、われわれがマルクスから学びえた具体的なオルタナティヴの構想を開示しておこう。

【1】労働力を社会に埋め込む

資本主義社会のオルタナティヴは、まず何よりも労働力を商品化しない社会に求められなければならないだろう。まずこの点を、いわゆるマルクス主義の社会主義論との比較において検討しておく。

マルクス主義は、資本主義の内部に「社会的生産と私的所有の対立」といった弁証法的矛盾を認め、ここから生産手段の私有を廃止して社会有＝国有に転化する社会主義の必然性を説いた。これに対してわれわれは宇野に倣い、資本主義に対する批判の中心を「労働力の商品化の無理」[★35]に置いてその廃絶の規範的可能性を問わねばならない。しかしながら宇野学派を含むマルクス経済学の通説では、この「無理」とは、労働力の消費過程すなわち生産過程が買い手である資本家の指揮・命令のもとに行なわれ、労働者の主体性が疎外され抹殺されることであると考えられてきた。したがって「労働力商品化の廃絶」とは、労働者を人間として解放し、資本に代わって労働者自身が主体的に生産を管理し運営する自主管理ないしアソシエーションの実現であるとみなされてきた。ここにまず第一の問題がある。

ここにみられるのは、ロックからノージックに継承された自己の生命と身体を所有しその労働の行使を自己決定する人間観であり、カントからロールズにみられる超越的で普遍主義的な人間主体への回帰である。宇野学派を含むマルクス主義は、リベラリズムが指し示した自然法的人権の主体としての人間理解をどれほども超えていない。

だがわれわれの労働力の商品化にかんする理解は、こうした通俗的な人間疎外論とはまったく異なる。われわれはあくまでも労働力の商品化を、近代以前には共同体社会の間をつなぐ外部的関係にすぎなかった商品経済が、生産を包摂し全社会関係を編成するにいたる「結節点」として捉えた。したがって労働力商品化の無理とは、市場で購買された後の労働力の消費過程の問題などではない。

先に詳しく検討したように、労働力の消費過程である労働・生産過程においては、たしかに分業・

協業関係が編成されて、監督者による指揮・統括の管理行為が生じる。しかしこの指揮・管理は、マルクス自身が「オーケストラの指揮者」に喩えていうように、「あらゆる比較的大規模な直接に社会的または協同的な労働は、多かれ少なかれ一つの指図を必要とする」のであって、「この指図によって個別的諸活動の調和が媒介され、生産体の諸器官の運動とは異なった生産体全体の運動から生じる一般的な諸機能が達成される」[★36]のである。それは必ずしも労働力の商品化に、それゆえ資本の生産過程に固有の「無理」ではない。

それゆえわれわれは、このような商品としての労働力に対する人間主義的な告発ではなく、労働力商品による社会の総体的・構造的再生産に対する批判が必要となる。これが第二の論点である。それはすなわち、商品経済による社会の一元的編成そのものに対するトータルな規範理論的批判となろう。

労働力の商品化は一方では、エンクロージャによって共同体を完全に解体して、人間を社会から遊離した負荷なき自我にしてしまう。そこでは、商品経済的な自由・平等がすべての社会関係を覆う。この意味で、資本主義を不自由で不平等な階級社会として告発するマルクス主義やリベラリズムの規範理論はほとんど無力である。まったく逆に、労働力の商品化によって、あたかも社会に先行して存在するかのようなアトム化された抽象的個人が誕生することを批判しなければならないのである。

しかし他方で、労働力商品による社会的再生産はやはり構造的なアキレス腱を抱えている。それは資本の景気循環において、つねに増減さだまらない過剰労働力を抱え込まざるをえないという点にある。すなわち資本主義は、家族や地域という非市場的な共同体的関係に支えられて過剰人口を維持しなければならず、人間は完全な負荷なき自我にはなりきれない。ここに労働力商品化の「無理」が集約的に表現される。それゆえ資本主義はリベラリズムが理念的に説くような、配分の正義を、完全に交換だけにもとづく「単一なる平等」に一元化できるわけではない。そこにわずかに残る互酬や贈与という共同体的配分の原理は、資本主義の限界であるとともに資本主義を克服しうるかすかな希望の方向性を指し示しているともいえよう。それはまさにマッキンタイアのいう、「礼節と知的・道徳的生活を内部で支える地域的形態の共同体を建設すること[★37]」に通じるかもしれない。

それゆえ「労働力商品化の廃絶」とは、けっして『経済学批判要綱』の「依存関係史論[★38]」が説くような、諸個人の普遍的発展のうえにつくられる自由な個人の連合（アソシエーション）ではない。いいかえれば、資本主義の物象的依存性が生み出す新たな人格的独立性の発展なるものではありえない。

むしろ「労働力を商品化しない社会」への展望は、共同体から遊離した私的労働力をふたたび共同体の中に還元することでなければならないだろう。それは、共同体の外部から内部化した市場を、もういちど外部に押し戻すことであるといってもよい。したがってそれは自由で平等な自立的個人の実現ではなく、その一定の制御をともなう社会における有機的で協同的な紐帯の回復となるはずである。これこそが、コミュニタリアニズムの説く「負荷なき自我」を社会の中に「位置づける（situate）」あるいは「埋め込む（embed）」という思想の具体化であることは言うまでもない。

しかもさらに重要な第三の問題は、宇野学派を含むすべてのマルクス主義が共有する「労働力の所有者としての労働者」像そのものにある。

　マルクス主義はつねに、その労働者像を労働力以外に売るべき商品を持たない無産者として描き出してきた。そして最終的にこうした労働力の支出である労働こそがあらゆる生産物の価値を生むものとみなしてきた。そこには、人間はあらかじめその身体とともに「労働力」という財を生まれながらに所有しているというア・プリオリな暗黙の前提があろう。しかしながらこうした人間像は、労働力が商品化された結果構築される規範観念であって、労働力の売買に先立って人間はあらかじめ身体のうちにそのような「実体」を所有しているわけではない。「あらかじめ労働力を所有する人間像」は、じつはロックに始まり現代のリバタリアニズムに継承されたいわゆる「自己所有権」テーゼと少しも異ならない。いま、労働力の商品化の根源的超克のためには、いまだマルクスに残る「労働力の所有」すなわち自己所有権のパラダイムまで遡った批判が必要になろう。

　もちろん近代資本主義の「成果」である思想・信条・表現・信仰などの「精神の自由」を否定することはできないかもしれない。だがこれらの「人権」なるものも、自己所有権に根拠をもつ人間に内属する自然法的権利ではありえない。いまこうした人権の観念のイデオロギー性を明確にし、これを深奥で支える労働力の自己所有の観念に対する批判が必要となる。だがこのことを理解するのは、ひとたび市場経済のバイアスを取り除けば、それほど困難なことではないだろう。たとえば資本主義に先行する「共同体」社会においては、労働力の支出は多かれ少なかれ一定の経済外的な、政治的・宗教的・文化的要請のもとに行なわれ、その生産物の配分は、市場とともに互酬や再分配など複合的な審級のもとに行なわれていた。こんにちでも具体的に家族という「共同体」

の中では、能力に応じて働き必要に応じて配分する共同体原則が妥当しているのはいうまでもない。

そしてじつはわれわれの生きる資本主義においても、社会の深層においてはこうした共同体原則が貫かれているのである。

マルクスが蓄積および再生産表式のテーマで明らかにしたように、すべての歴史社会と同様に資本主義社会においても、人間の労働力の支出は、つねに必要労働を超える剰余労働として実現される。労働力はがんらい社会共同体を離れて存在しえず、それぞれの社会の文化に規定された労働の具体的有用性こそが、労働力そのものに社会的倫理性を付与しているのである。すなわち個々人は社会の成員であるがゆえに、そのうちの必要労働部分を消費して労働力を再生産できるのであり、それゆえ必要分を超える剰余労働部分は、社会に還元され社会的な蓄積に充当されなければならない。

マルクスは『ゴータ綱領批判』においてこの点を次のように説明している。

「社会的総生産物からは、次のようなものがつねに控除されなければならない。
第一に、消耗された生産手段をおきかえるための補填。
第二に、生産を拡張するための追加部分。
第三に、事故や天災による障害などに備える予備ファンドまたは保険ファンド。
……総生産物の残りの部分は、消費資料としての使用に充てられる。だが各個人に分配されるまえに、このなかからまた次のものが控除される。

第一に、生産に属さない一般行政費。

第二に、学校や衛生設備のような、いろいろな欲求を協同で満たすのに充てられる部分。

第三に、労働不能者などのためのファンド。つまり今日のいわゆる公共の貧民救済費にあたるファンド。」★39

たしかに『ゴータ綱領批判』は、資本主義の原理ではなくコミュニズムの配分原理として提示されている。だが、「能力に応じて働き必要に応じて受け取る」関係は、何もマルクス主義のいうような高度な生産力の発展を想定しなくても、じつは資本主義そのものの社会的再生産のなかにおいてまったく同様に実現されているといってよいだろう。資本主義社会において、剰余労働の生産物は「労働力の所有者」であるはずの労働者に帰属することはありえない。しかしそれは資本家による生産手段の「独占」にもとづく「不払い労働の領有」あるいは「搾取」といった問題ではない。それは配分の不公正とは何のかかわりもない、社会が再生産を維持するための社会それ自身による規範的要請にもとづくものである。

マルクスによれば、およそ人間はいついかなる社会においても、それが人間の社会であるかぎり、個々人の労働力を社会的総労働として支出し、それを生産手段と生活資料の両生産部門に具体的有用労働のかたちで配分しなければならない。そしてそのうちの必要労働部分を消費することで労働力が再生産されなければならない。それゆえ剰余労働部分から社会的蓄積や予備ファンド、非労働人口の扶助のためのファンドが実現される。

いいかえれば、マルクスの労働概念は、たんなる労働力の個人的所有（自己所有権）なるものの結果ではない。むしろ労働力の消費による労働・生産過程と、労働生産物の消費による労働力の再生産過程との反復をつうじて社会＝共同体そのものを再生産する人間の協働行為であり、それは共同体への帰属を通して諸個人のアイデンティティを確立し、同時に社会的に共生する他者への貢献原理を表現しているといえよう。それはまさにE・レヴィナスのいう、他者に対する無起源的な責任（responsabilité anarchique）によって自己が負うべき他者への片務的な贈与としての善を意味していよう。諸個人は、自己の振る舞いである労働を「他者へ／他者のために」応答として差し出すことによって、初めてその存在に倫理性を賦与することができるのである。★40

しかしながら資本主義においては、労働力の商品化が不可避的に「労働賃金」という形態であらわれ、労働力の価格である賃金が労働の報酬として観念されるために、こうした社会の共同体的秩序そのものが見えなくなってしまう。労働という財と生産物という財とが、市場の交換という配分原理に一元化され「単一なる平等原理」だけが正義として認識される。それゆえ資本主義においては、労働こそが財の価値を生むものとして「労働にもとづく所有」という規範原理が確立し、その担い手である「労働力を所有する人間」があらかじめ社会に先行し超越的に自存する主体として倒錯的に観念される。社会はこうした自立的個人が私的利害にもとづいて契約的・事後的・任意的に形成する「便宜的共同体（association）」とみなされることになるのである。

これに対して、共同体社会にあっては、労働力は社会に埋め込まれるであろう。そこでは、労働力の配分は共同体の成員の「共有された善の構想」にもとづいて行なわれる。個々人はこうした財の多様な配分原理を受容し積極的に担う「公民的徳（civic virtues）」をもつことで、共同体の一員としてのアイデンティティを確立するのである。この点についてマルクスは、「労働はすべての財の源泉ではなく、自然もまた使用価値の源泉であり、労働そのものも自然力の一つとしてのみ人間労働力の発現である」[★41]という。このことは、がんらい労働力という財が、個人の身体のうちにではなく、自然的な共同体的再生産の一分肢として存在し、それゆえ社会的な使用価値すなわち「意味」に応じて配分されるべきことを意味していよう。それゆえ、労働とその生産物がまったく異なった配分原理に従うことはいうまでもない。

そもそも市場における交換は、共同体内部における互酬（reciprocity）や再分配（redistribution）、家政（householding）に付随する外部的な配分の方法である。すでにアリストテレスが先駆的に見抜いていたように、交換的正義は社会＝共同体にとって「外的善」にすぎない。社会の配分規範は文字どおり「複合的」であり、共同体ごとに多様で多元的なものなのである。

こうしてマルクス的な資本主義批判は、財の配分の不公正に対する批判ではなく、財の単一的配分に対する批判に向かうことになる。この意味においてウォルツァーが資本主義の配分原理に対する批判を、財の「独占」ではなく「支配」に求めたのは、まさしくマルクスと共通するものであった。マルクスにおける労働力を商品化しない社会とは、なによりも、社会から突出したアトム的個人を共同体の分厚い多様な関係性のなかに着床させ、共通の善き生の構想を共有することによって社会の成員としてのアイデンティティを回復することであったといわねばならない。それはまた、社会の公共空間への協同参加と協同統治によって、諸個人間の豊かな共同体的紐帯を復権させる道でもあったのである。

【2】市場メカニズムからの自由

われわれは資本主義社会を、商品経済という特殊な社会関係が労働過程の普遍性によって規範的に正当化される社会として理解した。この商品の価値関係を労働が規制する構造が市場メカニズムの支配であり、それはわれわれの社会に一定の一元的な法則性による支配をもたらす。それゆえ次に問われるべきことは、こうした市場メカニズムの「利用」ではなく、そうしたメカニズムの支配からどのようにして諸個人の「自由の領分（sphere）」を確保するかでなければならない。

では、市場からの自由とは規範理論的にどのような意味をもつのであろうか。

これまで一般に、市場メカニズムとは諸個人の意識から独立した、それゆえ個人の自由に対する外的な桎梏であるとみなされ、それゆえ市場からの自由とは、人間の人格を手段ではなくそれ自身目的として扱うカント的な自由の実現であると理解されてきたといってよいだろう。あるいはロールズがいう自己の抱く目的を離れ、目的それ自体をも人格の属性として客観的に評価する超越的な自由を意味するものと言い換えてもよいかもしれない。じじつG・ルカーチやK・コルシュら疎外論者は、社会主義社会の実現にヒューマニスティックな人間の主体性の獲得の夢を託したのであり、またK・コシークやJ・P・サルトルらは、こうした自由を、外的認識を遮断したところに成立する実存的な投企の意味で理解してきたのである。[42]

しかしながらここで注意すべきことは、市場メカニズムは、経済外的な強制を排した諸個人のいわゆる主観的な自立に支えられており、当事者の意識においては市場の支配そのものが負荷のない個人的自由の実現と感知されるという点である。この意味において、商品経済的なメカニズムと人間の主観的自由は表裏一体のものとして理解されねばならない。じっさい資本主義市場経済においては、強制からの自由（freedom from market）が同時にそのまま自己支配への自由（freedom to self-mastery）を意味するものとなるのであり、そこではI・バーリンのいう「消極的自由」と「積極的自由」とが合致する普遍主義的な自由が実現されるともいえるのである。[43]

なるほど市場は諸個人に、無規定で選好的な自由、すなわち他人を害さないかぎり何でもできる自由を完全に保障する。それは財の所有の自由のみならず、思想・信条・表現および信仰の自由の基盤でもあり、自己と異なる他者のそれらの自由にも寛容な尊重を要請する。まさにリベラリズムの規範は市場に支えられているといってよいだろう。しかしそれはまた同時に、売春やギャンブル、麻薬やポルノの販売から果ては自己の臓器や身体・生命そのものを売買する自由にいたるまで、いわゆる愚行権の自由をも保障する。このことは、いわゆるリバタリアンにおける絶対的自由の追求が国家権力の否定には行き着いても、最終的に市場の否定ではなく、その無条件の礼賛に帰着せざるをえなかったことからも明らかであろう。

この点を最も鮮明に批判したのはサンデルであった。サンデルによれば、いっさいの負荷から解き放たれた何物にも依存しない人間の自由とは、空虚で無内容ないつでも放棄しうる恣意の自由であり、それは一時的感情に他律的に従属するほかないものとされた。そしてこうした自由観はマルクスと完全に同一である。マルクスは、近代人の自由を「孤立して自我に閉じこもったモナドとしての人間の自由」と表現し、「自由という人権は、人間と人間の結合にもとづくものではなく、むしろ人間と人間の分断にもとづいている。それはこうした分断の権利であり、極限された個人の、自我に極限された個人の権利である」[44]と批判するのである。

マルクスによれば、個人の自由とは、土地と労働力の商品化によって共同体から切り離された、市民社会の成員としての、利己的な人間の権利すなわち「人権（droits de l'home）」にほかならない。人間は諸関係の総体としてのみ一定の属性を獲得するにもかかわらず、諸個人は、それらの関係から独立に初めからそれ自身で自然的かつ自存的に存在しているようにみえる。マルクスはこうした取り違え（quidproquo）を「物神性（Fetischismus）」と呼んだ[45]。たとえば、机は材木というありふれた感覚的な財でしかないのに、それがひとたび商品としてあらわれるやいなや超感覚的なものとなり、自分の脚で床に立つのではなく他のすべての商品に頭で立って、その木頭から机が自分勝手に踊りだすような奇怪な妄想を生み出す。まさに自由という自然法的人権はこうした逆立ちした観念すなわち物神性の典型である。

「個人の自由」とは、それゆえ市場のメカニズムに囚われ、このメカニズムに従属する行動が個々人の意識において「負荷なき自我」と観念される状態をさす。すなわち人間の主観的自由そのものが、諸個人の意識から独立した客観的な市場メカニズムの「人格」化であると同時に、こうした自由な行為連関の物象化的膠着が市場のメカニズムを構成するという、相互規定的な循環構造をなしているといえよう。

こうしてわれわれは、資本主義という社会像と同様に自由という観念についても根本的な理解の転換を要請される。マルクスにおける自由とは、カントいらいの自由概念を大きく方向転換させたものであるといってよいだろう。むしろ自由とは、資本主義のもとでは個人の「自由」な行為によるオートノミックな法則として実現された社会的再生産を、逆に人間が必ず拘束されなければならない倫理的義務として自覚的に受容することを意味していよう。それは「自己依存にもとづく完全な自由」ではなく、テイラーのいう「自己抑制にもとづく状況内に置かれた自由」なのである。

もともと人間社会において、社会関係に先立って自由で自立的な個人などけっして存在しはしない。マッキンタイアがいうように、個人の自由な権利ないし正義は具体的な社会制度と実践の存在を基礎にしてのみ理解できるのであり、人間の超越的属性にもとづく普遍的な基礎と射程をもつものではありえない[★46]。

こうした自由の意味については、かつてH・アーレントが活動（action）と、労働（labor）および仕事（work）との区別に即して明確にした点でもあった[★47]。

アーレントは「労働」を、個人が自らの生命を維持するために営む避けがたい労苦として定義した。それゆえ、自己所有権論者すなわちリバタリアンのいう社会に先立って自存する孤独な個人が自己に属する身体を利用する行為は、まさにアイロニカルにもこれに該当するといってよいだろう。それは無限の自由であるようにみえるが、じつは自己保存のためだけの究極の労苦なのである。

彼女によれば、マルクス主義における個人に内属する労働力の支出としての「労働」観もまた、こうした限界を共有していることになる。これに対して「仕事」とは、自己の計画にもとづいて現実をそのとおりに作り上げようとする制作的行為を意味する。アーレントは、こうした「仕事」のもつ設計主義の論理によって貫かれた社会の人工化が二〇世紀における全体主義の危険性を招来したと警告する。すなわち彼女の説く労働と仕事は、それぞれ、人間の行為をめぐるアトミズムとホーリズムに対する鋭い批判であったということができよう。

これらに対してアーレントは「活動」を、人々が親密な状況のなかで協同的に生活し、相互に固有の掛け替えのなさを認め合って公事を営む間主観的な協働行為（vita activa）と定義する。われわれがマルクスから受け取るべき自由の概念は、けっしてアーレントがマルクス主義的と呼んだ「労働」ではなく、むしろその「活動」のなかに見いだされよう。われわれの資本主義社会は、他の社会と同じくマルクスの再生産的連関、それゆえアーレントのいう活動によって協働性と秩序を維持している。この社会においても、人間および財の再生産と蓄積すなわち「活動」としての社会関係が営まれ、これが市場メカニズムの深層において人間の生に倫理性を与えている。それは個人のアイデンティティの実現であると同時に、社会的に共生する他者への貢献原理を表現している。個々人は他者への責任を果たすことによって、初めて自己の生に倫理的性格を、それゆえ自由を賦与することができるのである。それは資本主義を背後で支える不可視の「共同体」であるといってよいかもしれない。

しかしながら資本主義は社会の表層を、それゆえ個人の意識を、商品と貨幣によって蔽い尽くし、人間の社会的協同連関を引き裂いて社会から遊離しアトム的に充足する自己所有権と「交換的正義」のイデオロギーを不可避的に生み出している。それゆえ市場メカニズムからの自由とは、労働が価値を生む社会システムそのものの転換でなければならないだろう。この意味でマルクスが社会主義の第一段階と呼んだ労働に応じた分配の規範は、労働価値説と呼ばれる自然法思想の所有論的表現を超えるものではない。それは「法則の利用」であり「公正としての正義」にすぎない。市場からの自由とは、逆に労働と価値の切断、すなわち働ける者が働き必要な者が受けとれる社会規範への自由でなければならないはずである。[★48]

K・ポランニーが説いているように、人類社会の現在は、労働力・土地・貨幣を要素商品とする自己調整的な形式的経済（市場経済）のグローバルな膨張と、それに対する実在的経済（社会＝共同体）による自己防衛のための対抗運動として存在している。[★49] これに対する処方箋は、ポランニーのいうように「経済」を「社会」に埋め戻す（reembed）こと以外にありえないだろう。それは、ウォルツァーのいう近代における貨幣が通用する市場領域の一元的「支配」に対して、それが影響を及ぼしてはならない社会的再配分の領域を分離する「複合的平等」の回復であろう。そしてまたマッキンタイアは、善＝財（goods）の担い手について市場における公正としての正義とは異なる、欲望に先行する協同的な営みとしての「実践（practice）」の意義を強調した。それはまさに宇野弘蔵の、資本主義とは商品経済関係が一社会を全面的に包摂する「無理」な社会編成であるという批判に通じるものであろう。じじつ宇野は、市場の経済法則を自覚的に廃棄する行為を厳密に「実践」と呼んだ[★50]のである。

それゆえわれわれがマルクスから学んだ市場メカニズムからの自由とは、これらコミュニタリアンの説く規範理論に社会関係的＝「実践」的な根拠を与えるものであった。すなわちそれは、市場において一切の負荷を奪われた自由な個人を、多元的で多層的な社会の協同連関の中に着床し、社会的に共有された意味すなわち共通善（common good）を回復することである。諸個人は社会に根（roots）をもつ人間としてのみ固有のアイデンティティ、すなわち語の厳密な意味での自由を確保しうる。

マルクスの資本主義批判は、国家による計画経済とも市場による自由経済とも異なり、これら双方の「単一なる自由と平等」を克服する新たな公共空間、つまり複合的で共同体的な自由の創出へとわれわれを誘なってくれるであろう。

おわりに

第Ⅱ部では、マルクスから、リベラリズムやその亜流である現代マルクス主義の規範的残影を徹底的に消去し、そのテキストを独自に読み替えてきた。こうした作業を遂行した背景には、近年のマルクス主義が方法論的個人主義に陥り、実践的にもリベラリズムに全面的に同化しつつあることに強い危惧を抱いたという事情があることは確かである。それゆえわれわれは、現代の社会哲学においてリベラリズムとの論争の過程で提起されたコミュニタリアン諸論者の知見と対比させながら、マルクスの体系に含まれる規範理論的側面を救出しようと試みてきたのである。

しかしながらもちろん、マルクスのテキストがそのままコミュニタリアニズムのそれであると強弁するつもりはない。あらゆる優れたテキストがそうであるように、それは多面的である。そこにはむろん、ヘーゲル的な有機体の弁証法やミクロ経済学的な利己的な個人の行動論を読むことも可能であろう。しかしわれわれは、そうしたホーリズムもアトミズムも超える地点にこそマルクスの真骨頂があると考えている。

すなわちわれわれはマルクスのテキストから次のような特徴を読み取った。

第一に、リベラリズムや疎外論にみられる超越的な主体を批判し、自省的で帰属主義的かつ関係主義的な主体の概念が見られること。

第二に、資本主義の批判を普遍的で目的論的な「歴史的必然性」や「正義の理念」に訴えるのではなく、あくまでも資本主義の特殊性そのものに認識の拠点を置いて、現代社会の「特異性」を規範的に抉り出していること。

第三に、資本主義への倫理的批判を、善＝財の不公正な「独占」に対するものではなく、市場による単一なる平等の「支配」そのものに向けていること。

第四に、その結果、人間の自由や平等についても普遍的な人権といった超越的理念によって正当化するのではなく、むしろ特定の共同体において妥当する共通善というべき特殊性の視点からこれらを相対化して受容していること。

第五に、社会的な事柄を他者と協働して実践する過程に公民的徳性を認め、個人のアイデンティティが間主観的な諸関係によって構成されることを承認していること。

第六に、諸個人はけっして単一の社会＝共同体に属するのではなく、多様で多層的・多元的な共同体に複合的に帰属することを認め、それが諸個人における固有の自我の源泉であると認識していること。

いうまでもなくこれらの多くは現代のコミュニタリアンが強調する視点である。しかしマルクスはこれらの諸点を現代コミュニタリアンに先駆けて、しかもより具体的かつ鋭敏に解き明かしていたといってもよいように思われる。

さらにまた、付け加えるならば、現代アメリカを中心としたコミュニタリアンたちは、その主張する「共同体的な伝統や文化」の根拠をアメリカ的特殊主義に求めるあまり、結果的にリベラリズム的個人主義とほとんど変わらない地点に収斂していった。この問題をどのように理解するかは今後に残されたひとつの重要なテーマであろう。私見では、マルクスのテキストはおそらく現代のコミュニタリアンたちよりもより広いパースペクティヴをもっており、そこから、必ずしも欧米的ではないそれぞれの地域の特殊性（particularism）を踏まえた複合的共同体（complex communities）の可能性を導き出しうるのではないかと考えている。逆説的であるがマルクスのインターナショナリズムは、けっしてグローバリズムではなく、アジアや日本、そしてより小規模なコミュニティというわれわれの日常的な生活基盤に支えられてのみ成り立つはずのものだからである。

もはや歴史の進歩への確信も、それによってつくられるはずのリベラルな正義の規範も、なんら未来の社会に関する豊かな展望をもたらすようには思えない。市場のグローバリゼーションとそれに抗する国家権力の強化というダブルバインドによって、いまやいかなる変革の可能性も閉ざされてしまった。そうした無残な社会の閉塞とアイデンティティの喪失状況の真只中にあって、いまわれわれは社会に、そして人間に、どのように向きあえばよいのであろうか。その答えのひとつを「コミュニタリアンとしてのマルクス」に求めるのは、あながち的外れではないように思われる。

第Ⅱ部を終えるにあたり、マッキンタイアの『美徳なき時代』の最終部分を引用しておこう。この書物はマルクスにかんする次のような記述で閉じられているからである。

「マルクス主義的社会主義は、その核心において深い楽観性を秘めている。というのは、資本主義的・ブルジョア的な諸制度に対する自らの批判がいかに徹底していようとも、それは、『それらの諸制度によって構成されている社会の内部に、よりよい未来のための人的・物的前提条件がすべて蓄積されつつある』という主張に言質を与えているからである。しかし、もし高度な資本主義が道徳的に貧弱化していることが、実に多くのマルクス主義者が一致して認めるようなものであるならば、未来のためのこれらの資材をいったいどこから持ってくることができるのであろうか?……彼(マルクス主義者)はいまや、高度な資本主義の諸構造に取って代わるべく実現されるような、政治的・経済的諸構造の許容できる代案への見通しをなんら持てないからである。……このことは、マルクス主義がもはや近代社会についての思想の最も豊かな源の一つではすでにないことを含意しているのではまったくない。」「この段階で重要なことは、すでに到来している新たな暗黒の時代を乗り越えて、礼節と知的・道徳的生活を内部で支えられる地域的形態の共同体を建設することである。そしてもし諸徳の伝統があのかつての暗黒時代(ローマ帝国の衰退期)の恐怖を生き抜くことができたのであれば、私たちにも希望の根拠がまったくないわけではない。しかしながら今回は、蛮族は国境の向こうで待っているのではなく、すでにかなりの期間私たちを支配し続けているのだ。そして、このことに対する私たちの意識の欠如こそが、現在の苦境をある部分かたちづくっている。いま私たちはゴドーをではなく、もう一人の——疑いもなく異なった——聖ベネディクスを待っている。★51」

第Ⅱ部　注

（1）I. Kant, *Grundlegung zur Metaphysik der Sitten.* 篠田英雄訳『道徳形而上学原論』岩波文庫、一九七六年、一五二〜一五七ページ。vgl. *Kritik der praktischen Vernunft.* 波多野清一ほか訳『実践理性批判』岩波文庫、一九七九年。なお、宇佐見公生「カントにおける自由と道徳法則」日本カント協会編『日本カント研究』六巻、理想社、二〇〇五年 を参照。

（2）リベラル-コミュニタリアン論争とりわけコミュニタリアンの主張を整理したものとして、有賀誠ほか編『ポスト・リベラリズム』ナカニシヤ出版、二〇〇〇年、第五章。同『ポスト・リベラリズムの新展開』同、二〇〇四年、第七章。青木孝平『コミュニタリアニズムへ』社会評論社、二〇〇二年、第一章二節。山際直司『経済の倫理学』丸善、二〇〇二年、第九章。菊池理夫『現代のコミュニタリアニズムと「第三の道」』風行社、二〇〇四年、第一、二章。同『日本を甦らせる政治思想——現代コミュニタリアニズム入門』講談社、二〇〇七年、第二章。S.Mulhall and A.Swift, *Liberals and Communitarians*, Blackwell, 1996,part1. 谷澤正嗣・飯島昇藏ほか訳『リベラル・コミュニタリアン論争』勁草書房、二〇〇七年、第Ⅰ部。渡辺幹雄『ロールズ正義論とその周辺——コミュニタリアニズム・共和主義・ポストモダニズム』春秋社、二〇〇七年、第二、三章 などを参照。

（3）M.J.Sandel, *Liberalism and the Limits of Justice*, Cambridge Univ.Press,1982. 菊池理夫訳『自由主義と正義の限界』三嶺書房、一九九二年。なお「負荷なき自我」の検討として、有賀誠「リベラル対コミュニタリアン——自我をめぐる係争のゆくえ」『慶応義塾大学法学研究科論集』二九号、一九八八年。S.Mulhall and A.Swift, *op.cit.*, chap.1.

（4）M.J.Sandel,*ibid*.,chap.4,sec.3. 邦訳二四一～二五〇ページ。

（5）*Ibid*., Introduction. 邦訳 XV ～ XVI ページ。

（6）H.Arendt, *The Human Condition*, Univ. of Chicago Press,1958.pp.52-53. 志水速雄訳『人間の条件』中央公論社、一九七三年、五三ページ。Cf. H.Arendt, *The Origins of Totalitarianism*, Brace and World,1968, part3 chap.1. 大久保和郎ほか訳『全体主義の起源 3』みすず書房、一九八一年、第一章。

（7）J.Rawls, *Political Liberalism*, Columbia Univ.Press, 1993. なお、ロールズの転向について、cf. S.Mulhall and A.Swift, *op.cit*.,part2, chap.5-7.

（8）M.J.Sandel, *Democracy's Discontent: America in Search of Public Philosophy*, Harbard Univ. Press. 1996. 中野剛充訳「公共哲学を求めて――満たされざる民主主義」『思想』第九〇四号、一九九九年、三六～七二ページ。なお、中野剛充「リベラル―コミュニタリアン論争の政治的転回：ロールズとサンデルの議論の展開を中心に」『テイラーのコミュニタリアニズム――自己・共同体・近代』勁草書房、二〇〇七年。菊池理夫『現代のコミュニタリアニズムと「第三の道」』前掲、二章四節 などを参照。

（9）A.MacIntyre, *After Virtue: A Sturdy in Modern Theory*, 2nd, Univ. of Notre Dame Press, 1985.sec.3-6. 篠崎栄訳『美徳なき時代』みすず書房、一九九三年、二九～九七ページ。S.Mulhall and A.Swift, *op.cit*.,part1, chap.2.

（10）A.MacIntyre, *ibid*., p.220. 邦訳二六九～二七〇ページ。

（11）K.Marx, *Thesen über Feuerbach*, *MEW*, Bd.3,S.5. 全集 第三巻、三、四ページ。Kelvin Knight,ed., *The MacIntyre Reader*, Univ. of Notre Dame Press, 1998. pp.225-232. なお、マッキンタイアによるマルクス理解について、菊池、前掲書、一〇一～一〇二ページ参照。

(12) Ch.Taylor, *Hegel and Modern Society*, Cambridge Univ. Press, 1979. 渡辺義雄訳『ヘーゲルと近代社会』岩波書店、一九八一年、一二〇〜一八一ページ。

(13) Ch.Taylor, *Sources of the Self*, Harvard Univ.Press, 1989, pp.111-207. Cf. S.Mulhall and A.Swift, *op.cit.*, part1, chap.3. なお田中智彦「チャールズ・テイラーの人間学」『早稲田政治公法研究』四六号、一九九四年。同「アイデンティティの現象学」同五〇号。一九九五年。同「テイラー：自己解釈的な主体と自由の社会的条件」藤原保信・飯島昇藏編『西洋政治史Ⅱ』新評論、一九九六年 も参照。

(14) Ch.Taylor, Human Agency and Language, *Philosophical Papers 1*, Cambridge Univ. Press, 1985.pp.45-76. この点について中野剛充『テイラーのコミュニタリアニズム——自己・共同体・近代』前掲、第一、二章を参照。なおソシュールの言語学におけるパロールの意義について、丸山圭三郎『ソシュールの思想』岩波書店、一九八一年、七九〜九二ページ を参照。

(15) Ch.Taylor, *Multiculturalism, Examining the Politics of Recognition*, Princeton Univ. Press,1994. 佐々木毅ほか訳『マルチカルチュラリズム』岩波書店、一九九六年。こうした後期テイラーの多文化主義について、中野剛充、前掲書、第四章 参照。

(16) M.Walzer, *Spheres of Justice: A defense of Pluralism and Equality*, Basic Books,1983,p.13. 山口晃訳『正義の領分』而立書房、一九九九年、二三〜二四ページ。S.Mulhall and A.Swift, *op.cit.*, part1, chap.4. なお、有賀誠「コミュニタリアンの分配の正義——M・ウォルツァーの場合」『法学政治学論集』三号、一九八九年。重森臣広「マイケル・ウォルツァーの多元主義的正義理論」『政策科学』第二巻二号、一九九四年。大川正彦「ウォルツァー——複合的平等と批判的多元論」『西洋政治史Ⅱ』前掲。飯島昇藏「コミュニタリアニズムの社会正義論——マイケル・ウォルツァーの配分的正議論をめぐって」飯島ほか編『憲法と政治思想の対話』新評論、二〇〇二年 を参照。

(17) M.Walzer, *ibid.*, p.20. 邦訳、四五ページ。

(18) M.Walzer, Liberalism and the Art of Separation, *Political Theory*, vol.12,no.3, pp.315-330. この点について、岡本仁宏「M・ウォルツァー」田口富久治ほか編『現代の政治理論家たち』法律文化社、一九九七年 も参照。

(19) 現在のウォルツァーのスタンスをよく示すものとして、M.Walzer, The Civil Society Argument, Ch.Mouffe, ed., *Democratic Politics Today*,1992,pp.89-107. 高橋康浩訳「市民社会論」『思想』第八六七号、一九九六年、一六四～一八三ページ。M. Walzer, ed., *Toward a Global Civil Society*, Introduction, Berghahn Books,pp.1-4. 石川淳ほか訳『グローバルな市民社会に向かって』「序論」日本経済評論社、二〇〇一年、一～四ページ などがある。

(20) 宇野弘蔵『価値論』河出書房、一九四七年（こぶし書房、一九九六年 再刊）、序論。同『経済原論（上）』岩波書店、第一篇一章 を参照。

(21) A.MacIntyre, *After Virtue*, op.cit.,p.261.『美徳なき時代』前掲、三一八ページ。

(22) こうした傾向は、山口重克『経済原論講義』東京大学出版会、一九八五年 以降、宇野学派の原論研究者のほとんどに広がっており、「当事者の行動論的アプローチ」ないし「メンガー的転換」「疎外論の復位」などと呼ばれるが、事実上、新古典派的な方法論的個人主義の採用であるように思われる。

(23) 丸山圭三郎『ソシュールの思想』第Ⅱ部第二章「ソシュールとテル・ケル派——貨幣と言語記号のアナロジー」前掲書。なお、柄谷行人・丸山圭三郎「貨幣・言語・価値」丸山編『文化記号学の可能性』日本放送出版会、一九八三年 も参照。

(24) この意味において廣松渉の説く「関係の第一次性」としての物象化論は、『ドイツ・イデオロギー』においてではなく、まさに『資本論』、より厳密には宇野『経済原論』の価値形態論において初めて確立されたというべきではなかろうか。
(25) この点、マルクスの『資本論』では、いまだ一巻七編と二巻三編で別々に説かれていた「蓄積論」と「再生産表式論」を、宇野『経済原論』が第二編生産論の三章「資本の再生産過程」で統一的・構造論的に展開したのは、マルクスにおける労働の関係的性格を鮮明にするものであり、規範哲学としてみても画期的なことであったといえるだろう。
(26) A.MacIntyre, *After Virtue*, op.cit.,p.187.『美徳なき時代』前掲、二三〇ページ。
(27) J.Locke, *Two Treaties of Government*, chap.5, sec.27. 宮川透訳「統治論」『世界の名著二七巻』中央公論社、一九八〇年、二〇八ページ。
(28) 宇野弘蔵「地租改正の土地制度」『宇野著作集第八巻』岩波書店、一九七四年、九五ページ。そのほか、「経済学方法論」『宇野著作集第九巻』一三六～一三八ページ。「私的所有と社会主義」『資本論研究I巻』筑摩書房、一九六七年、二二六ページなどでも、「自己の労働にもとづく所有」のイデオロギー的性格を批判している。
(29) K.Marx, Brief an F.Engels am 2. April 1858, *MEW*.Bd.29,S.317. 全集 第二九巻、二四九ページ。
(30) K.Marx, *Das Kapital I,MEW*.Bd.23,S.72. 全集 第二三巻、七八ページ。
(31) 柴垣和夫「資本主義経済と基本的人権」『社会科学の論理』東京大学出版会、一九七九年 を参照。なお、その政治的スタンスはともかく、人権の普遍主義＝物神崇拝を批判し相対化する文脈においては、宮崎哲弥『人権を疑え』洋泉社、二〇〇〇年。および八木秀次『反「人権」宣言』筑摩書房、

二〇〇一年 なども傾聴に値するだろう。

(32) マルクスおよび宇野の地代論が「土地所有」を歴史的前提としたのに対し、これが地代取得権原の人格化として成立する点を明確にしたのは、大内力『地代と土地所有』東京大学出版会、一九五八年の功績である。ただしそれは、弁証法的な発生論としてではなく、規範的「主体」の倒錯的存立構造論として読み替えられるべきだろう。

(33) この点、近年のマルクス経済学は、原理論の機構論的編成を重視するあまり、宇野が行なった物神性論による原理論の総括を全面否定する傾向にある。その結果、原理論からイデオロギー批判＝規範理論へとつながる豊穣な可能性を自ら閉ざしてしまっている。

(34) このかぎりでリバタリアンのノージックが、「社会契約における財の取得にかんする正義は次の三つの定義で完全にカバーできる」と述べているのは、それが資本主義のイデオロギー的な倒錯合理性＝物神性をありのまま表出しているかぎりにおいて、資本論の結論と合致する。「第一に、労働という取得の正義原理にしたがって財を取得した者はその財に対して正当な権原をもつ。第二に、この正当な権利を有するものから交換の正義原理によって財を取得した者は財への権利をもつ。第三に、この二つの正義原理の適用以外によっては誰も財について権原をもたない。」R.Nozik, *op. cit.*, p. 151. 邦訳、二五六ページ を参照。

(35) 周知のように「労働力の商品化の無理」が何を意味するかについては、宇野弘蔵・梅本克己『社会科学と弁証法』岩波書店、一九七六年 における最大の論争テーマであった。しかし、これに対する宇野学派を含むマルクス学派の解釈はほとんどが、平凡な生産過程の階級支配論に帰着しているように思われる。たとえば大内力『新しい社会主義像の探求』労働社会問題研究センター、一九七九年、一二九ページ。柴垣和夫『現代資本主義の論理』日本経済評論社、一九九七年、二五ページなど枚挙に暇がない。

（36）K.Marx, *Das Kapital I*,*MEW*, Bd.23, S.350. 全集 第二三巻、四三四ページ。

（37）たとえばマッキンタイアはいう、「純粋にアリストテレス主義的なポリスの構想は……どちらかといえば小規模な地方の政治的団体のかたちをとる必要がある。そして実践にもとづく形態のアリストテレス的共同体が現代世界のなかで存在するとき、それはつねに小規模で地域的なものであり、それ以外ではありえないだろう。」A Partial Response to my Critics, *After MacIntyre*, eds. J.Horton and S.Medus,Polity Press,1994.302.

（38）マルクスは、その中期の『経済学批判要綱』において、三段階の「依存関係史論」と呼ばれる歴史理論を書き残している。「人格的依存関係（最初はまったく自然発生的）は最初の社会形態であり、そこでは人間の生産性はごく小範囲でまた孤立した地点だけで発展する。物象的依存性のうえに築かれた人格的独立性は、第二の大きな形態であり、そこで一般的な社会的物質代謝、普遍的な対外諸関係、全面的な欲望、そして普遍的な力能といったシステムが初めて形成される。諸個人の普遍的な発展のうえに、また諸個人の社会的力能としての彼らの共同体的・社会的な生産性を従属させることのうえに築かれた自由な個性は、第三の段階である。」K.Marx, *Grundrisse der Kritik der politischen Ökonomie*,Diez Verlag, 1953,S.75. 高木幸二郎監訳『経済学批判要綱』大月書店、一九五八年、七九ページ。これについて、たとえばC・グールドは、「マルクスは、第三段階において社会的個人の、それもいまや具体的に自由な社会的個人の共同体が再構築されることを考えている」と言う。C.C.Gould, *Marx's social Ontology: Individuality and Community in Marx's Theory of Social Reality*, The MITPress,1978,p.22. 平野英一・三階徹訳『「経済学批判要綱」における個人と共同体』合同出版、一九八〇年、四七ページ。しかし、マルクスは第二段階の自由な個人がなぜ第三段階の共同体を構築するにいたるのかまったく説明していない。けっきょく「生産力」と「資本の文明化作用」なるものに依存した社会の内在的・弁証法的発展論であり、唯物史観の一つのヴァリエーションに過ぎないように思われる。基本的には本書の第Ⅰ部一章で提示した「歴史理論による資本主義批判」に対する批判がそのまま妥当するであろう。

(39) K.Marx, Kritik des Gothaer Programms, *Randglossen zum programm der deutshen Arbeiterparti*, *MEW*, Bd.19,S.19. 全集 第一九巻、一八～一九ページ。

(40) E.Lévinas, *Totalité et Infini*, M.Nijhoff,1961. 合田正人訳『全体性と無限』国文社、一九八九年。なお斎藤慶典『レヴィナス――無起源からの思考』講談社、二〇〇五年 を参照。

(41) K.Marx, *a.a.O.*, S.15. 全集 第一九巻、一五ページ。

(42) 市場からの自由を人間の「主体性」の回復に求める見解は、J・ルカーチやK・コルシュらの疎外論的マルクス主義のほか、J・P・サルトルやK・コシークらの実存的・現象学的マルクス主義、H・マルクーゼやM・ホルクハイマーらのフランクフルト学派、戦後日本における梅本克己や梯明秀などの主体性唯物論など無数にある。宇野弘蔵『「資本論」と社会主義』第七章「経済法則と社会主義」『宇野著作集第一〇巻』は、「主体」に対する経済原則による負荷性を説くものであり、「主体性」論に潜むリベラリズムを批判したものとして読むことも可能であろう。

(43) I.Berlin, *Four Essays on Liberty*, Oxford Univ.Press,1969. 小川晃一ほか訳『自由論』みすず書房、一九七一年。

（44）K.Marx, *Zur Judenfrage*, *MEW*, Bd.1,SS.364-366. 全集 第一巻、四一一～四一三ページを参照。
（45）K.Marx, *Das Kapital*, *MEW*, Bd.23,S.85. 全集 第二三巻、九六ページ。
（46）マッキンタイアは、リベラリズムの重視する個人の正義ないし権利（right）は、がんらい特定の文化を前提にして特殊な歴史的・文化的時代に初めてあらわれた観念であり、人間の普遍的属性にもとづく人権といった観念は、たとえばユニコーンや魔女と同様のフィクションにほかならないという。A.MacIntyre, *After Virtue*, op.cit., pp. 67-70. 前掲邦訳 八四～八七ページ 参照。なお、これに対するリバタリアンによる反論として、森村進「リベラリズムと共同体」桂木隆夫・森村進編『法哲学的思考』平凡社、一九八九年 がある。
（47）H.Arendt, *The Human Condition*, op.cit.,p.26. 邦訳、前掲、四七ページ。アーレントが、マルクス主義の労働（labor）や設計主義的な仕事（work）を批判し、人間の協同連関としての活動（action）を評価した点について、佐藤和夫編、H・アーレント『カール・マルクスと西欧政治思想の伝統』大月書店、二〇〇二年 を参照。なお、佐藤和夫「世界疎外と精神の生きる場――活動とは何か」吉田傑俊ほか編『アーレントとマルクス』大月書店、二〇〇三年 も参照されたい。
（48）近年、応用倫理学的なアプローチから、立岩真也『自由の平等――簡単で別な姿の世界』岩波書店、二〇〇四年。大庭健『所有という神話――市場経済の倫理学』岩波書店、二〇〇四年 なども、ほぼ同様の規範理論を導き出している。
（49）K.Polanyi, *The Great Transformation: The Political and Economic Origins Our Time*, Beacon Press,1957. 吉沢英成ほか訳『大転換――市場社会の形成と崩壊』東洋経済新報社、一九七五年。なお、佐藤光『カール・ポランニーの社会哲学――「大転換」以後』ミネルヴァ書房、二〇〇六年、とくに第四章「最晩年のポランニー」を参照。佐藤は、同書の二三四～二五四ページで、ポランニーの遺稿（会話録）である「ウィークエンド・ノート」の分析を通じて、ポランニーを継承する方向として、社会主義ではなくコミュニタリアニズムをうちだし、とりわけマッキンタイアの道徳哲学へむかう方向性を肯定的に評価している。また、P.McMylor, *Alasdair MacIntyre: Critic of Modernity*, Routledge, 1994, chap.3 も、ポランニーの歴史哲学とマッキンタイアの道徳哲学のあいだには密接な共通性があることを指摘している。

（50）宇野弘蔵『「資本論」と社会主義』岩波書店、一九五八年（こぶし書房、一九九五年再刊）、一～三章を参照。

（51）A.MacIntyre, *After Virtue*, op.cit., pp.262-263. 前掲 邦訳、三一九～三二一ページ。

附論●コミュニズムvs.コミュニタリアニズム論争

1●——コミュニズムからの批判に答える

＊マルクス主義同志会なる政治グループの機関紙「海つばめ」二〇〇五年一月九日号に、田口騏一郎氏による私への批判論説「青木孝平の所有論」が掲載された。この小論は、同グループからの要請に応じて、それに対する反批判として同紙に発表したものである。

「海つばめ」九七二号（二〇〇五年一月九号）において、田口騏一郎氏が私の著書『ポスト・マルクスの所有理論』（社会評論社）に対して詳細な批判を展開している。私が一二年も前に書いた書物が今日でも検討の俎上に載せる価値があるのかどうか自信はないが、田口氏はこの書物になお現在的な意味があると判断されたのであろう。ありがたいことである。まずは田口氏の労に対し率直に謝意を表したい。

しかしながら謝意はあくまでもその労に対してであり、批判の内容が当を得たものであるかどうかは全く別の事柄である。しかも「ポスト・マルクス」という本書のタイトルが示すように、私は、マルクスの所有論を田口氏のようにドグマ的に擁護するのではなく、むしろその大胆な組み替えを提案しているのである。したがって、マルクス理論の「無理解」とか「歪曲」とかいう批判は到底受け入れるわけにはいかない。

田口氏は、主として私の著書の第五章「マルクス所有論の到達地平」を検討の対象としているので、以下では、彼の批判をトレースしつつ、手短に反論を述べることにしたい。

●領有法則は反対物に転回するのか？

まず第一点は、いわゆる領有法則転回論の評価にかかわる問題である。

周知のようにマルクスは『資本論』の第一巻七篇「資本の蓄積過程」の二二章において、剰余価値の資本への転化を次のように説いている。最初、商品の所有権は自己の労働にもとづく等価物どうしの交換として現れた。しかし労働力と交換される資本部分は等価なしで領有された他人労働の一部分であり、蓄積の反復は、他人労働による他人労働の無償の領有に帰着する。それゆえ「自己の労働にもとづく所有はその形式のままで仮象となり、他人の不払い労働を領有する権利へと転回する。」

私はこの転回論を次のように批判した。

商品の所有はそれがどのように生産されたかにかかわりなく、流通すなわち貨幣による商品の購買の場面で成立するのであり、「自己の労働にもとづく」という想定は必要ない。資本主義は、商品経済が生産過程を包摂することで確立する社会であり、唯一、資本主義社会においてのみ商品生産は一つの社会関係として確立する。いいかえれば商品経済的な「所有」が生産過程の「労働」を基礎にもつことで、資本主義は等価物の交換という規範的正当性を獲得するのである。

したがって資本主義において、自己の労働にもとづく所有がその反対物に転回するのではない。全く逆である。資本主義における蓄積過程の反復が、流通（所有）と生産（労働）を常に接合させ、「労働にもとづく所有」という法イデオロギーを絶えず普遍化して正当視していく。その意味で資本主義だけが、文字どおり私的所有を保障する社会というべきなのである。

ところが田口氏は何を勘違いしたのか私の主張を次のように要約する。

「青木は、マルクスは『資本論』で資本主義的所有を論じているが、そこには単純商品生産者の私的所有の正当化に道を開くような不徹底な部分が残されていると……論じている。」「彼（青木）によれば、資本主義的所有を『自己の労働にもとづかない所有』と批判することは単純商品生産者の立場の擁護に道を開くものであり、間違っているというのである。」

私はこの著書の中で、大塚史学を相手にしているわけではないので、一度たりともマルクスが単純商品生産者の私的所有を「正当化」しているとか「擁護」しているなどと述べた覚えはない。全く反対に私は一貫して、「労働にもとづく所有」論は資本主義のイデオロギー的正当化でありその擁護に通じると批判したのである。

●個人的所有は評価に値するか？

第二点として、田口氏は『資本論』第七篇二四章「資本主義的蓄積の歴史的傾向」に対する私の批判についても完全に誤読している。

ここでマルクスは、歴史的にも「自己の労働にもとづく所有」を起点に置き、その「否定の否定」として将来の社会における「個人的所有の再建」を説いている。私はマルクスの将来社会への展望が論理的に混乱していることを指摘したのであるが、田口氏はこの指摘を、「青木はマルクスがあたかも私的所有に立つ単純商品生産者的な立場への復帰として述べたかのように言う」と決めてかかる。

田口氏によれば、マルクスが将来の社会で実現されると言っているのは、単純商品生産者的な私的所有ではなく、「他人労働の搾取による私有が否定されて、労働者みずからが労働の成果を自分たちのものにする」「自己の労働にもとづく個人的所有」なのだそうである。

ここには二重の誤解があろう。私はマルクスの将来社会論が単純商品生産者的な「私的所有」への復帰であると批判したのではない。そうではなく田口氏が肯定的に評価する「自己の労働にもとづく個人的所有」は、将来社会の理念たりえず、資本主義のイデオロギーそのものだと主張しているのである。田口氏によると、「マルクスは、人間が自然に働きかけて有用なものを取りだすことを『本源的所有』と述べている。これはいかなる生産様式にも共通することである。ここでマルクスが将来の社会で実現するとしている『自己の労働にもとづく個人的所有』とはこうした意味でいわれている」のだそうである。

たしかに中期マルクスの草稿である『経済学批判要綱』には、人間と自然の物質代謝である労働行為をそのまま生産物の「本源的所有」の根拠とみなす記述がないわけではない。

しかしそれはマルクス所有論の到達地平というよりも、いまだ、労働を本源的購買貨幣と呼んだアダム・スミスの認識を受け継ぐものであり、労働による生産物の形成を「人間と自然の商品交換関係」とみなした古典派経済学の残滓というべきであろう。こうした言説は、さらに遡れば、人間を本源的に自己の身体の個人的所有者とみなし、それを用いた自己の労働を所有し、それゆえ労働の成果とその交換に際しても絶対的な所有権を持つというジョン・ロックの自然法思想に淵源をもつものである。仮にマルクスの所有理論に今日なお評価できる価値があるとすれば、それは、こうした自然法思想や古典派経済学の延長においてではなく、いつに、それらのパラダイムをどこまで徹底的に批判し、どこまで遠く超克しているかに掛かってくるであろう。

なるほど、マルクスは『資本論』第一巻の三篇五章で「労働」を、「いかなる生産様式にも共通する」歴史貫通的な原則として考察している。だがこの労働・生産過程は、田口氏のように、そのまま「本源的所有」とみなされているわけではないし、あまつさえ『資本論』第一巻二四章の「個人的所有」に結びつけられているわけでもない。

マルクスによれば、人間の労働過程は、抽象的人間労働をさまざまな使用価値を生産する具体的有用労働として配分することであるが、それは同時に、生産された必要労働分の生活資料を消費することで労働力そのものを再生産する過程である。どんな社会でも必要部分を超える剰余労働部分は、拡大再生産のためのファンドや社会的に共同利用されるインフラ、さらに老人や病人そのほか非生産的人口の生存に充てられる。

したがって、労働者が自己労働を根拠にして労働の全生産物を「個人的所有」することなどありえない。マルクスが剰余労働の生産物が労働者自身の所有にならないことをもって「不払い労働の領有（搾取）」などと呼んだのは、リカードウ左派やプルードン派の労働全収益権論に足をすくわれた勇み足だったというべきであろう。

付言しておくと、マルクスの「個人的所有者」を田口氏のように自己の労働にもとづく直接生産者と理解して、社会主義をそのような個人的所有者の連合（アソシエーション）とみなす見解が、最近ささやかなブームとなりつつあるようである。こうした「個人的所有」の評価こそが、マルクスの思想をリベラル左派や市民主義の潮流に溶解させ際限なく合一化させていく理論的一里塚となっていることとは、マルクス主義の正統派を自認する田口氏ならば知り尽くしておられるはずである。私には、田口氏の「自己労働にもとづく個人的所有」論は、田口氏らの同志会から袂を別ったといわれるワーカーズ・グループのアソシエーショニズムとさほど大きな隔たりはないように思われる。

●階級関係から目をそらすのは誰か？

最後に第三点として、田口氏は、青木は労働力の商品化によって「私的所有」規範が資本家と同様に労働者の間にも浸透し一般化することを主張して、資本家による生産手段の所有と生産手段から切り離された労働者の階級関係すなわち生産関係から目をそらしていると、口を極めて非難される。そして資本—賃労働という生産関係こそが資本主義の根幹であるという古典的なマルクス主義のドグマを披瀝して、この生産関係の矛盾は、資本主義への労働者の反発、反抗を呼び覚まさずにはおかないという、いささかステレオタイプのアジテーションで本論文を閉じる。

私が学問で糊口をしのぐ小ブルジョア研究者の末席に位置し、それゆえ生産過程で苦闘する賃労働者の生産関係が理解できず、そこから目をそらしていると言われれば、たしかにそのとおりかもしれない。

しかしながら資本主義という社会関係は、それ以前の社会とまったく異なり、生産関係そのものが商品形態によって構成されている点に最大の特徴があるのもまた事実であろう。実際マルクスの『資本論』第一巻は、商品・貨幣・資本という流通形態から生産過程にいたる結節点に労働力の商品化を置く。そしてこの労働力の商品化が常に「労働賃金形態」というイデオロギーをとることを介して、生産過程は「資本の流通過程」（第二巻）という売買関係に解消されるのである。「自由・平等・所有そしてベンサム」は単なる商品交換のイデオロギーではなく、資本の流通過程全体の普遍的理念となるといってよいだろう。

それゆえ労賃形態は単純な仮象ではありえない。それは時間賃金や出来高賃金（さらに現代的にいえば能力給）という形式で、労働者にも「自己労働にもとづく所有」を肯定的に受容させるはずである。このことは同様に資本家についても妥当する。『資本論』第三巻において剰余価値は利潤という形態をとるが、信用による利子率の確定は利潤のうちの利子超過分を企業者利得として分割させる。そこでは資本家の企業活動が企業者利得を生むものと観念され、資本家においても「自己労働にもとづく所有」を肯定的に評価させることになる。

さらに付け加えれば、現代の株式会社における企業所有と経営の分離は、生産過程の経営者をサラリーマン化させ、その活動を賃労働者の労働と見分けがつかないものにしてしまう。また株式の持合をつうじた企業所有の法人化が、資本家による生産手段の私的所有の意味さえも限りなく曖昧にしているといえる。

逆説的ではあるが私には、資本主義の変革のためには、勇ましい階級闘争のアジテーションよりも、なぜ階級関係が不透明となり階級闘争が無力化するのかを「目をそらす」ことなく解明することの方が、はるかに重要であるように思われる。とりわけ現代の市場原理主義による新自由主義的グローバリゼーションは、労働者を容赦なく弱肉強食の競争ゲームに叩きこみ、人間を際限なくアトム化し孤立させていく。こうした現実をふまえるとき、いま真に求められているのは「自己労働にもとづく個人的所有」の称揚などではなく、人間の社会的協同性と有機的紐帯をいかに構築していくかという課題なのではないだろうか。はたして現実から目をそらしているのはどちらであろうか。

こうした観点から、私は『ポスト・マルクスの所有理論』以降一〇年の成果を『コミュニタリアニズムへ――家族・私的所有・国家の社会哲学』（社会評論社、二〇〇二年）という書物にまとめた。そこでは、マルクス自身にリベラルとコミュニタリアンというべき二面性があることを指摘し、将来社会の理念として、明確にアソシエーショニズムを批判してコミュニタリアニズム（共同体主義）を提唱している。今日の時点で田口氏が私のマルクス理解を批判しようとするのであれば、この著書を対象にすべきであった。

マルクス研究の名のもとにドグマの神学的解釈論争を行ない、「マルクス主義の正統派」を争うのは冷戦時代の遺物にすぎない。もうそろそろマルクスの物神崇拝はやめにしたいものである。

（海つばめ 第九七七号　全国社研社　二〇〇五年二月二七日発行 所収）

2●――アソシエーショニズム論争

＊この論争は、アソシエ21のニューズレターに掲載した私の論説に対して、新田滋氏から批判の寄稿があったため、それに私が改めて反批判を寄せたものである。本書への転載に際して快く了承していただいた新田氏に謝意を表する。

【1】マルクスはアソシエーショニストか？

いうまでもないことであるが本紙は「アソシエ21」の機関紙である。アソシエという名称には、この団体が社会的研究・実践をする結社であるという意味にとどまらず、おそらくは人類の未来をアソシエーション社会として展望しようという意図が含まれているのであろう。じっさい多くの会員は、マルクスの社会主義社会像を、レーニン型の階級独裁や国権的な計画経済としてではなく、市民的自由と市場経済を肯定的に評価するアソシエーション社会として再構成しようと考えているようである。アソシエ21という名称そのものが、まさにこうした時代の流れに掉さすものといえるだろう。

あらかじめ誤解のないように断っておくが、私自身、この会に賛同して自由意志によって参加しており、研究集団としてのアソシエ21の存在意義になんら疑義があるわけではない。むしろこうした集いが最近とみに少なくなったことを残念に思っており、アソシエ21の発展を心から願う者の一人である。しかしながら研究集団としてのアソシエ21の性格と人類社会の展望とでは、まったく次元の異なることがらである。人類社会の展望が自由な個人のアソシエーションにあり、カール・マルクスはアソシエーショニストであったという最近の論調については、にわかに賛同しがたい。ここでは後者にテーマを絞って、かいつまんで論じることにしたい。

たしかにマルクスにアソシエーショニストと見なしうる一面があるのは否定できない事実であろう。

たとえばマルクスは『資本論』の蓄積論において「自己の労働にもとづく所有」を前提にし、その領有法則の転回によって資本主義的蓄積を説明した。そしてさらに否定の否定として「個人的所有の再建」というシェーマを導き出した。「自由で平等な生産者たちのアソシエーション」こそがコミュニズムであるというわけである。じじつマルクスは多くの著書のなかでアソシエーションというタームを用いている。最近では、初期マルクスの人間疎外論におけるアソシエーショニズム論の萌芽や、中期の『共産党宣言』や同時期の諸論文におけるアソシエーション論について、田畑稔や篠原敏昭、大藪龍介らによって精力的な文献考証が進められている。

また英米のコーエン、ローマー、エルスターといったアナリティカル・マルキシストが、マルクスのテキストからヘーゲル的弁証法を消去し、ゲーム理論を使って実証主義的にアソシエーション型社会主義の展望を証明しようと試みている。そのほかわが国でも柄谷行人らによって、マルクスのテキストをカント的な定言命法に依拠した主体の評価へとトランスクリティークする試みが企てられているのは周知のことであろう。

なるほど、かつてまことしやかに語られた「各人の自由な発展が万人の自由な発展の条件であるような社会」ないしは「自由な個人性の発展がそのまま共同社会性の実現」であるような社会主義像は、もはやこんにち成り立たない。それは、伝統的形而上学ゆずりの両義的であいまいな弁証法的レトリックでしかなく、具体的に構想されるべき生活世界としてのいかなるリアリティも持たない。せいぜいひいき目にみても個人主義と全体主義の折衷的・中間的な社会像にしかならないであろう。じじつこうした社会を政治的に啓蒙し人為的に設計しようとしたソビエト・ロシアは、無残にもその理念とは正反対のディストピアとなって消滅したのである。

それゆえこんにち、マルクスのテキストをリベラルな個人主義の視点から再読し、社会主義を自由な個人的所有者のアソシエーションと解するのは、たしかにひとつのマルクスを救済する道ではある。とりわけ情報のボーダレスな拡大と資本のグローバリゼーションの急速な進行を前に、あらゆる形而上学が崩壊し、いまや形式論理的明晰性と数学的合理性だけが最後の哲学とされる現代にあって、マルクスの思想についても時代にマッチした換骨奪胎がはかられるのは避けられないのかもしれない。

　多くの論者によれば、マルクスは、アソシエーションを、ルソーの社会契約論に依拠して、自由な個人が共通の目的のためにそれぞれの自由意志にもとづいて資材や力能を拠出する協同組合社会としてイメージしていたといわれる。そこにはまさに、個人の選好以前にどんな道徳的紐帯も認めず、個人の恣意のおもむくままに完全にヴォランタリーに加入し離脱できるというリベラリズムの社会観が、はしなくもそのままマルクスに投影されている。

　しかしながらここで注意すべきは、こうした独立した個人を前提としその合意によって社会の形成を説くリベラルな社会契約説は、同時にマルクスが最も嫌悪し否定する社会哲学でもあったという事実であろう。

　たとえば初期のマルクスは忠実なアリストテレス＝ヘーゲルの使徒として、「木材窃盗取締法」に反対してゲルマン共同体の古き善き入会慣行を擁護していたし、「離婚法案」による個人の気ままな離婚の自由化に反対して家族のもつ人倫的共同性を説いていた。そして『ユダヤ人問題』では、自由・平等・安全・所有といった自然法的な人権を「孤立して自我に閉じこもった利己的人間の権利」として全面的に批判する論陣を張ったのである。マルクスにとって人間とは一個の個人に内在する普遍的前提ではありえない。有名なフォイエルバッハ・テーゼがいうように「人間はその現実性において社会的諸関係の総体である」。それゆえ『資本論』は、人間を一定の利害関係を担うかぎりで存在しうる経済的カテゴリーの人格化であるとし、個人がどんなに諸関係を超越しているようにみえても、個人はやはり諸関係の産物であるという。

自由な個人は一つのイデオロギーであり、共同体と共同体の相互的な関係性、すなわち商品交換の前提でなく結果としてのみ構成される。したがって個人的所有者がまず自存し、それが社会契約を結んで関係を形成するというアソシエーショニズムは、マルクスにとって市場経済が共同体を全面的に破壊した資本主義のフィクショナルなイデオロギーを超えるものではない。労働力の売買がおこなわれる商品交換の部面こそが天賦の人権の楽園である。マルクスは自由・平等・所有そしてベンサムを告発する。

このようにマルクスのテキストの中に反リベラリズム、反アソシエーショニズムの言説もまたいくらでも見いだせるだろう。いうまでもないことだが、わが国におけるマルクス理論の有力な系統である廣松渉の「関係の第一次性」論は、なによりも社会契約説的リベラリズムの批判を意図したものであった。また、一般には近代科学主義の権化とみなされる宇野理論は、同時に、価値形態論の再構成によってマルクスの商品論に残る「自己の労働にもとづく所有」の想定を消去するものであった。宇野が否定の否定による「個人的所有の再建」テーゼを全面否定したことは、あらためて強調されてよいだろう。

少なくともわが国においてアソシエーショニストとしてのマルクス像を打ち出そうとするならば、宇野および廣松の学説との対決が避けて通れない。こんにち現象学的社会学や新古典派ミクロ理論、新制度派の強い影響のもとにマルクス理論のリベラリズム化が進行しているだけに、この点の再確認は是非とも必要であろう。

最後に、二〇世紀末以降、英米系実証主義の中からもリベラリズムやアソシエーショニズムに対して反省の論調が拡がっていることを指摘しておきたい。

ロールズに始まる現代リベラリズムあるいはノージックに代表されるリバタリアニズムは、個人の自立や自己決定権、私の身体と意思は私のものであるという自己所有権をまず前提に置いた。周知のようにサンデルらのコミュニタリアンは、こうした人間観を「負荷なき自我」と呼んで批判し、リベラリズムの市場的個人主義に対しては、共同体の自己統治としての自由とアイデンティティの共有を可能にする制度の促進を提起し、リベラリズムの普遍的正義論に対しては、共同体ごとに異なる善の多様性を提起する。それは家族・地域・階級・民族など多様な共同体への重層的帰属とそれぞれの価値の尊重を求めている。コミュニタリアニズムは決して単なる保守的復古思想ではない。むしろマルクスのリベラリズム批判につうじるラディカルな資本主義市場批判の要素を含んでいる。

私は、マルクスの理論の中に、宇野や廣松からコミュニタリアニズムにつながる社会了解をみいだし、アソシエーショニズムとは逆のベクトルで再評価したのであるが、さて、こうした方向はやはりアソシエ21のめざすものとは相容れないのであろうか。


（アソシエ21ニューズレターNo.53　二〇〇三年九月号 所収）

【2】日本資本主義とコミュニタリアニズム

新田滋

『アソシエ21ニューズレター』二〇〇三年九月号に青木孝平氏の「マルクスはアソシエーショニストか?」という論説が掲載された。そこで青木氏はマルクスの中にはアソシエーショニストの側面と、それに真っ向から否定的な側面が同居しているとしている。わたし自身もいまさら一九世紀にマルクスがいだいていた共産主義の構想がアソシエーション論(市民社会論)を基礎としていたからといって、それがそのまま現代的意義をもつとはかんがえていない。ましてや、それにアソシエ21という学術団体のネーミングがちなんでいるからといって、そこに『日経アソシエ』という誌名以上の意味があるとも思っていない。以下で述べるのは、あくまでも青木氏の見解にたいする内容上の批評である。

青木氏が、マルクスはリベラルなアソシエーショニズム的な発想を嫌悪し否定していたとする典拠として挙げているのは、マルクスがまだ共産主義者にすらなる前の『ライン新聞』時代の論説や『ユダヤ人問題に寄せて』であり、共産主義者になりたての時期の「フォイエルバッハ・テーゼ」における「人間は実際には社会的諸関係の総和である」という命題にすぎない。さらに青木氏によると、『資本論』第一巻でマルクスは、独立自存の個人が存在しそれが自由に契約をむすぶということは、資本家的商品経済の流通表面における商品所有者と貨幣所有者の自由な交換という現象から普遍化されたイデオロギーにすぎないと批判している。だが当該箇所は、労働力商品も含む商品と貨幣の交換の流通表面においてのみ「自由、平等、所有権、そしてベンサム」が成り立つが、ひとたび生産過程へ降りてゆけば、そこには資本家と労働者の階級関係が隠されているという文脈での批判であった。この批判自体からは、マルクスが市民社会的な自由・平等そのものに対して否定的なのか肯定的なのかはただちに出てこないのである。

このように青木氏はマルクスのテキストを機械的に切り貼りして、自説に都合のよい文言だけを引っ張ってきている。このような読み方は、かつての護教論的解釈論の過剰な氾濫の裏返しであり、マルクスをアリストテレスやヘーゲルと同様の偉大な古典として遇する態度にはまだ程遠いものといわざるをえないのではなかろうか。

解釈論的研究はすでに膨大にあるだろうが、ようするにマルクスは、近代資本主義的ブルジョア社会において徹底的に自由な個人に分解された疎外態ないし物象的依存関係の状態を通過して、はじめてより高次な共同性をもった人類社会を実現できると考えていたとみるのが自然であろう。このような考え方は、マルクスにおいて語彙をかえながら初期・中期・後期のテキストに終始一貫している。このより高次な共同性の具体的なあり方として、自由な諸個人の連合＝アソシエーションなるものが想定されていたわけである。

しかし、マルクス解釈論はともかくとして、重要なのは青木氏によるコミュニタリアニズムについての問題提起である。青木氏によると、サンデルらのコミュニタリアンはリベラリズムの市場個人主義を「負荷なき自我」と呼んで批判し、自由とアイデンティティの共有を可能にする制度の促進を提起しているという。それは、リベラリズムの普遍的正義論に対して、共同体ごとに異なる善の多様性を提起するものであり、家族・地域・階級・民族など多様な共同体への重層的帰属とそれぞれの価値の尊重を求めているものである。

わたしもこのような問題提起には積極的に賛意を表したい。そのうえで、あえて青木氏のコミュニタリアニズム受容のあり方にかんして異論を挿みたいのである。

青木氏によると、コミュニタリアニズムというのは、「アソシエーショニズムとは逆のベクトル」のものとして再評価されるべきものだとされている。その際、青木氏は、「わが国においてアソシエーショニストとしてのマルクス像を打ち出そうとするならば、宇野および廣松の学説との対決が避けて通れない」として、宇野弘蔵を引き合いに出している。しかし、宇野を引き合いに出すならば忘れるべきでないことがあったはずである。それは日本資本主義の特殊性の段階論的な把握という方法である。（本稿では、廣松に関連する部分は紙数の都合で削除せざるをえなかった。）

青木氏がいうようにコミュニタリアニズムは英米系の思想的系譜から生まれてきたものである。それはまさに、徹底的な個人への分解が進んだ最先端の資本主義社会において登場してきた思想なのである。それゆえ、「コミュニタリアニズムは決して単なる保守的復古主義ではない」といえるのは、それがまさにイギリス、アメリカの現実的基盤を前提として生まれてきたものだからにほかならない。だとするとそれは、大陸ヨーロッパや日本やアジアにそのままあてはめることが可能なのであろうか。

宇野段階論がおしえるところでは、一九世紀中葉イギリスの世界資本主義（パクス・ブリタニカ下のグローバリゼーション）の産物として、周辺資本主義国には中心部とは対照的な発展が押し付けられたのであった。すなわち、前近代的な諸要素といわれてきたものは、じつはほかならぬ「近代」そのものの産物として温存再生産されてきたものだったのである。いうまでもなく同じことは、二〇世紀末以来のアメリカ発の世界資本主義（パクス・アメリカーナ下のグローバリゼーション）においても構造的にあてはまる。したがって、現代の日本社会に安易なかたちでコミュニタリアニズムの言辞を持ち込んだ場合に、それが「単なる保守的復古思想」に堕してしまわない保障はどこにもないといわなければならない。

そもそも、はたして青木氏のいうように、コミュニタリアニズムとアソシエーショニズムとは逆のベクトルのものなのであろうか。イギリス、アメリカのように市場個人主義のゆきつく果てにばらばらに解体された諸個人が、自由な意志に基づいて（飽き飽きして）回帰を仮想的にもとめるようになった共同体的な価値理念がコミュニタリアニズムなのである。そうだとすれば、それこそはマルクスの考えた、諸個人へと分解された自己疎外態ないし物象的依存関係を歴史的基盤として――すなわち、歴史的協働性を負荷として――、構想されるアソシエーションと同質のものなのではないだろうか。もちろん、現代のコミュニタリアンは、もはや不可能性があきらかとなった、社会的に生産を計画経済的にコントロールしようという一九世紀的な構想を抱かなくなったことは重要な違いである。

かつて宇野理論は、日本社会の後進性とみえるものも金融資本的蓄積様式のもたらしたものであるから、一段階の社会主義革命で一挙的に解消すべきものだと考えていた。そこでは、いったん英米のような個人主義の徹底的な実現を図ったうえで社会主義革命を構想するという二段階革命論（市民社会論、近代化論）は否定されていた。現在でも世界資本主義システムにおける発展の中心―周辺の非対称性という問題をかんがえれば、このような観点は有効であろう。英米とそれ以外の国々では、国家、民族、共同体、伝統、慣習、公共性、市民社会等々といった諸概念は、まったく内容を異にしているという認識がなによりも重要だからである。日本にそのまま英米のような市民社会を、アソシエーションを、と主張しても相変わらず空虚に響かざるをえないのはそのためである。それは、日本で愛国心を、公共奉仕の精神を、という主張の胡散臭さと表裏一体なのである。

同様に、青木氏のようにアソシエーション論とコミュニタリアニズムを正反対のものとして機械的に裁断することの意味するものは、コミュニタリアニズムの名のもとにアジア的な共同体をそのまま横滑りさせ、前近代的な諸要素の温存再生産への加担であり、いっけんグローバリゼーションに抵抗しているようにみえて、じつはグローバリゼーションそのものなのである。

われわれは、宇野理論の一段階「革命」論を継承してゆくべきである。だが、その際必要なことは「革命」の中味の根底的な再定義である。「労働力商品化の止揚」、すなわち労働市場を基礎とする資本主義市場経済の廃止というのでは、いかにも曖昧であった。一方の極では、労働市場も含めたすべての市場経済、商品・貨幣形態のようにも受け取れる。他方の極では、労働保護立法の整備、基礎年金などの社会保険制度、労働組合による労働市場の寡占化、国家による非市場的な所得再分配政策等々によって、十分に「労働力商品化の止揚」がなされたものとも受け取れる。

むろん、前者のように解釈するならば、それはウルトラ・スターリン主義にしかならない。かといって後者ならば、とおのむかしに実現し、いまや市場原理主義にさらされて過去のものとなりつつあるかにみえる、一国福祉国家（一国社会民主主義）体制でしかないであろう。その意味では、市民社会論やアソシエーション論、コミュニタリアニズムなどを参照にして、「革命」の再定義についてかんがえてゆくことは有意義なことだとかんがえられる。

現在もとめられているのは、世界資本主義的グローバリゼーションにたいする一段階世界「革命」において、周辺的な大陸ヨーロッパ（仏独も含む）や日本やアジア……の「革命」も構想してゆくことである。それは、一方で、最先端部分においてはコミュニタリアニズム的な価値観に支えられた主体による、世界的な規模での労働保護立法の整備、基礎年金などの社会保険制度、労働組合による労働市場の寡占化、国家による非市場的な所得再分配政策等々の創造的構築でなければならない。それは、国民国家―戦争の止揚と連動する課題である。だが他方では、それぞれの社会が刻印されている歴史的な基盤を踏まえながら、それを最先端のコミュニタリアニズム的な価値観へと発展・止揚させてゆくという課題がある。それらは一体的に提起されなければならないのである。

（アソシエ21ニューズレター No.54　二〇〇三年一〇月号 所収）

【3】アソシエーショニズムとコミュニタリアニズム――新田滋の批判に答える

本紙二〇〇三年九月号に寄稿した私の論説「マルクスはアソシエーショニストか？」に対して、新田滋氏から本紙一〇月号の論説「日本資本主義とコミュニタリアニズム」で手厳しい批判を頂戴した。ていねいに読んだうえで細部にわたって批評していただき、たいへんありがたいことだと感謝している。しかしながら明らかな見解の相違および誤解にもとづく批判については、私としても読み過ごすわけにはいかない。取るものもとりあえず紙面を借りて反批判を述べさせていただく次第である。

新田氏からの私への批判点は大きく三点に要約できよう。

まず第一点として、私がマルクスの中にはアソシエーショニストの側面とそれに否定的な側面が同居していると指摘したことについて、新田氏は、青木のような引用の仕方は、マルクスのテキストを切り貼りして自説に都合のよい文言を引っ張る護教論的解釈論の裏返しであると批判される。新田氏によれば、マルクスは、近代資本主義社会において徹底的に自由な個人に分解された疎外ないし物象的依存関係を通過して、はじめて高次の共同性をもった人類社会が実現できると考えていたのであり、初期・中期・後期をつうじて一貫してアソシエーショニストであったと解すべきである。

第二点として、コミュニタリアニズムを青木のようにアソシエーショニズムと逆のベクトルのものと理解することはできない。コミュニタリアニズムは、英米のような資本主義の最先端において人間がばらばらに解体され、それに飽き飽きした諸個人が自由な意志にもとづいて共同体への回帰を仮想的に求めるようになった価値理念であり、それはマルクスの考えたアソシエーションと同質のものである。

第三点として、コミュニタリアニズムを日本やアジアにそのまま当てはめることはできない。青木は宇野弘蔵を引き合いに出すが、宇野段階論によれば、世界資本主義の周辺では中心部と対照的な発展が押しつけられたのであり、日本資本主義の後進性は金融資本的蓄積のもたらした世界史的帰結であった。青木のようにアソシエーショニズムとコミュニタリアニズムを機械的に裁断することの意味は、コミュニタリアニズムの名のもとに日本に残るアジア的共同体を横滑りさせ、前近代的な諸要素を温存再生産するものであり、現代のグローバリゼーションに加担することにほかならない。

第一点について、まず断わっておかなければならないのは、私はマルクスのテキストについて文献学的な解釈の提示を意図したわけではないことである。私が前稿で言いたかったのは、マルクスのいうアソシエーションは「自由な個人性の発展がそのまま共同社会性の実現である」という形而上学的信念の上に成り立っており、マルクスのテキストから仮に弁証法的なレトリックを消去すれば、このような曖昧で両義的な社会主義像の同居は無理だということである。マルクスのテキストの中に、リベラルな個人主義とコミュニタリアン的共同体主義が形式論理的に矛盾したまま共存していることを指摘したにすぎない。この点は、クブラキや柄谷行人のカント的マルクス主義、あるいはコーエンやローマーなどの分析的マルクス主義でも概ね承認されているところであろう。むしろ新田氏の方が両者の「高次な」「止揚」などというヘーゲル弁証法的フィクションに拘泥することによって、マルクスの護教的解釈論に終始しているのではなかろうか。

第二点として、新田氏は私がコミュニタリアニズムとアソシエーショニズムを逆のベクトルのものと理解している点を批判し、両者の「同質性」を主張される。だが新田氏がポジティブに説くのは、コミュニタリアニズムが資本主義の最先端であるイギリスやアメリカのブルジョア社会を現実的基盤として登場したという事実だけであり、これをもって、現代のコミュニタリアニズムが、マルクスのいう資本主義の自己疎外態を歴史的基盤とした自由な諸個人の連合（アソシエーション）の具体的実現形態だというにすぎない。

この見解には、人類はいちど近代ブルジョア的個人を通過してのみ高次の共同社会を実現できる、あるいは資本主義を内在的に経過しなければ未来社会に到達できないとする、唯物史観ないし近代主義的な発展史観が深く影を落としているように思われる。かつてポランニーは資本主義をガン細胞にたとえて人類史の常識に対する根本的批判をおこなった。社会はいちど市場的個人に分解されなければ人類の未来はないという新田氏の「資本の文明化作用」に対する盲信は、いわば人間はガン細胞が全身に転移したあとでなければ健全な身体を回復できないというに等しいのではなかろうか。

前稿において私が宇野原理論を科学ではなく社会哲学として読むべきことを強調したことの含意は、まさにこの点にあった。宇野弘蔵が『資本論』の商品論から価値実体としての労働を取り除いて商品・貨幣・資本を流通形態として展開したのは、たんに経済学の科学的要請にもとづくものではない。それは市場経済的な近代的個人が、社会の内部から必然的に発生するものではなく、あくまで社会の外部にあらわれる特異なイデオロギーであり、しかも労働力の商品化という「無理」によってのみ初めて社会に内部化されるという社会哲学的主張を含んでいる。自由な自己労働にもとづく「個人的所有者」なるものは、唯一、資本主義市場経済のイデオロギーとしてのみ構成されることを明らかにしたのが宇野理論の思想的成果である。新田氏はこの点をいったいどのように理解されるのであろうか。

総じて新田氏はアソシエーションとコミュニティの社会哲学的な差異を理解していない。アソシエーショニズムは、資本主義を内在的に「止揚」した自由な個人のヴォランタリーな連合という社会契約的人間観を前提としているのに対して、コミュニタリアニズムは、社会関係による負荷性を第一次的前提とした存在被拘束的な人間観を基礎にしている。弁証法的「止揚」などという形而上学的ドグマに頼らなければ、そもそも両者を「一体的」に理解することなど不可能なのである。

このことから第三点への答えもおのずと明確になろう。宇野の段階論は、決してウォーラスティン的な世界資本主義の不均等発展なるものの記述にとどまるものではない。ましてや世界資本主義の中心と周辺の非対称性一般に解消しうるものでもない。それはあくまでも共同体に対する市場経済の外部性を支配的資本の差異に即して規定し直したものである。帝国主義段階論と呼ばれるものは、有機的構成の高度な資本が外部から後発国に移入されたばあいの共同体の変容形態を記述したものである。新田氏は、共同体の文化的要因を「前近代的要素」とか「日本の後進性」などという言葉で表現し、二段階革命か一段階革命かというかつてのスターリニズム的前衛党の革命戦略に回答を求めようとする。こうした問題設定こそ、今では「空虚に響かざるをえない」のではなかろうか。

最後に、宇野の帝国主義段階論は、あくまで一九世紀末のイギリスとドイツの対抗を根拠として、新田氏の表現を借りればパクス・ブリタニカ下のグローバリゼーションの産物として「日本の前近代性や後進性」を記述したものである。このような宇野段階論が、どうして「二〇世紀末以来のアメリカ発の世界資本主義（パクス・アメリカーナ下のグローバリゼーション）においても構造的にあてはまる」などといえるのであろうか。グローバリゼーションは、IT革命に導かれたデジタルな資本市場が世界を覆い、デリバティブ、ヘッジファンドといった金融商品が瞬時にして地球を何回転もする現代に固有の現象であろう。日本資本主義はこの例外でないばかりか、むしろグローバリゼーションの最先端的な構成部分になっていることは明らかである。

新田氏のような若い世代がグローバリゼーション下の現代日本について、「アジア的共同体の横滑り」「前近代的諸要素の温存再生産」といったステレオタイプの理解を示すのを見るにつけ、この国における戦後的民主化＝近代化イデオロギーが日本人の心根に深く「温存再生産」されている現実に驚きを禁じえない。あらためて単なるアソシエーションではなくコミュニタリアン的価値観に支えられた展望へのベクトル転換が必要であると再確認した次第である。

なお、紙幅の関係上、本稿で十分に論じられなかった論点については、昨年公刊した拙著『コミュニタリアニズムへ――家族・私的所有・国家の社会哲学』（社会評論社、二〇〇二年）を参照していただければ幸いである。

（アソシエ21ニューズレターNo.57　二〇〇三年一一月号 所収）

3●──分析的マルクシズム論争

＊本稿は、経済理論学会年報第四〇巻（二〇〇三年、青木書店）に、松井暁氏による拙著『コミュニタリアニズムへ』（社会評論社、二〇〇二年）に対する書評が掲載されたので、編集者の要請に応じてそれに対するリプライとして執筆し同誌に掲載したものである。また、同学会から、同氏の翻訳によるコーエンの著書に対する批評を依頼されたので、ここに併せて収録した。

【1】松井暁氏による『コミュニタリアニズムへ』への批判に答える

松井暁氏より拙著に対して丁寧な書評をいただいた。著者と評者とでは根本的にスタンスが異なるにもかかわらず、冷静かつ公正な視点にたって率直な評価をいただいたことに、まずなによりも敬意を表したい。

コミュニタリアニズムの意義、それとマルクス主義およびマルクス経済学との関係については、その規範的・倫理的な側面も含めて、きわめて的確に拙著の紹介をしていただいたので、大筋において異論はない。紙幅の関係上、ここでは評者から提起された二つの根本的な問題点に的を絞って、取り急ぎリプライを試みることにしたい。

第一に、たしかに拙著は、マルクスのテキストの中にリベラリズムとコミュニタリアニズムという両立不可能な志向が並存することを指摘し、マルクスのコミュニズムはけっきょくこの両者に分岐していかざるをえないと述べた。これに対して評者は、両者を分割して後者を取り出すのでなく、あくまでも二つの方向性を「生産的」に「統一」することの必要を強調されている。そして評者はマルクスの搾取論を擁護し、自己所有権というリベラリズムの主体概念を前提としてこそ、生産手段の不平等に由来する搾取というリベラリズムの矛盾を内在的に克服することができるという。こうした議論にかつての「領有法則の転回」や「否定の否定」を想い起こし、分析哲学的な論理実証主義よりもなお弁証法的思考のなごりを感じてしまうのは、私の誤解であろうか。弁証法的ロジックを伝統的形而上学ゆずりの曖昧で両義的な議論として厳しく斥けたのが、ほかでもない評者の依拠する分析的マルクス主義ではなかったか。

私が拙著でなによりも批判しようとしたのは、自由な主体の存在をあらかじめ前提とし、そのミクロ的行為の集積から現実の経済関係を構成しようとする方法論的個人主義、およびそこから平等な社会システムへの接近を展望する倫理的個人主義であった。こんにち分析的マルクス主義のみならず宇野学派の主潮流までもが、新古典派や新制度派をまねたこうした「主体の行動」というア・

プリオリな前提を共有しており、マルクス経済学の危機は深い。この前提そのものを「負荷なき自我」と呼んで批判したのがコミュニタリアニズムであり、そしてまた、こうした主体観の転倒性を「人間は社会関係の総体である」という視点から批判したのがマルクス理論の原点であったと思うのである。

第二に、評者は、私のコミュニタリアニズム論について、国家・市場・アソシエーションなど諸セクターとの関係が具体的に説明されておらず、新しい社会としてのポジティブなイメージが十分に伝わってこないと批判しておられる。たしかにコミュニタリアニズムを将来社会の設計図として理解するならば至極もっともな指摘であり、評者の批判を甘受すべきかもしれない。だが私は、家族から始まり近隣・地域集団・階級や民族をへて国際社会にいたる社会関係の総体を、個々人が人為的目的によってつくり任意に加入・離脱できるアソシエーションとしてではなく、そこで共同的生活世界が営まれ、重層的で複合的な人間のアイデンティティそのものを構成していくコミュニティとして理解している。拙著のコミュニタリアニズム論は、個人が設計的につくりだす将来社会の見取り図ではなく、市場が生み出したアトム的個人を再び現実の社会関係の中に埋め込む経済学のベクトル転換のための社会哲学＝倫理学である。

このことは、評者が指摘するコミュニタリアニズムの「負の側面」にも当てはまるだろう。評者は、かつての共産主義が失敗した原因の一つを伝統的共同体の非合理性や閉鎖性に求め、コミュニタリアニズムの抱える保守主義という負の側面を直視し、その克服の方向性を検討すべきことを要請している。だがリベラル／コミュニタリアン論争というプロブレマティクは、評者がなお思想の区分基準とする進歩／保守、左／右という対立図式そのものが無効となったという共通了解のもとに開始されたのである。共産主義の失敗といわれるものも、私は共同体的な保守主義に起因するものではなく、むしろ逆に、人間が社会を人工的で理想的に編成することができるとする設計主義的な計画経済的社会観の破綻を意味するのではないかと考えている。それは一見アメリカン・デモクラシーと対極にあるようにみえながら、じつは同根の傲慢な普遍主義という近代イデオロギーの所産だったのではないか。

仮に評者がいうように、私たちが追い求めるべき「新しい」社会の構想なるものがありうるとすれば、それはリベラル・デモクラシーによって世界を一元的に塗り尽くすグローバルな普遍主義ではなく、それぞれに異なる文化の棲み分けと相互の尊重にもとづく多文化主義なのではないだろうか。

（経済理論学会年報 第四〇巻 二〇〇三年 青木書店 所収）

【2】G・A・コーエン著『自己所有権・自由・平等』を評す

（松井暁・中村宗之訳 青木書店 二〇〇五年）

●本書の特徴と意義

本書は、英米の分析的マルクス主義を代表するG・A・コーエンが、同じく英米におけるリバタリアニズムの主唱者であるR・ノージックに対して真正面から論戦を挑んだスリリングな理論書である。

周知のようにコーエンは、これまでのマルクス主義が有していた弁証法的演繹論理による法則史観を排し、これを厳密な形式論理によって機能的に説明しようとした。そのデビュー作である一九七八年の『カール・マルクスの歴史理論』は、マルクスの史的唯物論を論理実証主義的に証明可能な理論に再構成しようとする「分析的マルクス主義」の誕生を宣言する書物であった。だが一九九五年に原著が公刊された本書は、コーエンの旧来の書物とはいささか趣を異にする。

本書は、現代資本主義においては労働者の階級性が解体し、さらに生産力の発展がもたらす資源的な制約によって、コミュニズムの歴史的必然性がもはや成り立たなくなったという、深刻な、しかし厳然たる事実の確認から始まる。いまやコミュニズムは、史的唯物論という社会構造や歴史の動態にかんする経験理論によって、その必然性を主張することはできない。それゆえコーエンは、むしろ効用・自由・平等・正義・民主主義・自己実現といった規範理論や道徳哲学によってコミュニズムの正当性を積極的に証明しようとするのである。このような視点から、ノージックの提唱するリバタリアニズムに対するコーエン自身の規範理論的応答をとりまとめたものが本書である。

さてノージックは、自由放任市場の効率的優位を説くM・ロスバードやD・フリードマンなどの経済主義的リバタリアニズムとは異なり、社会の成立に先行して独立し自存する譲渡不可能な人格の存在を認める自然権的リバタリアニズムの立場を採っている。

その主著『アナーキー・国家・ユートピア』は、こうした自由な個人の普遍性を、人間は生まれながらに自分自身の生命と身体を所有しており、それらを用いた自分の労働を所有し、したがってその成果および成果の交換に対しても絶対的な所有権を持つというJ・ロックのいわゆる自己所有権（self-ownership）テーゼによって基礎づけようとする。すなわち自己所有権の正義が充たされるかぎり、その結果が仮にどんな不平等なものでも正当化されるはずであり、配分の正義は所有の交換の結果以上であってはならない。ノージックは、たとえばJ・ロールズが「格差原理」の名のもとに「平等な自由原理」から独立に資源の再配分を構想する点を捉えて、その社会契約は自由の侵害に帰着せざるを得ないという。この結果ノージックのリバタリアニズムは、自立した個人の契約すなわち市場の自由を保障する警察と司法機能に極限された「最小国家」論に帰着していくことになる。

このようなノージックのリバタリアン的国家論がJ・ロールズやR・ドゥウォーキンのリベラル的福祉国家論とのあいだで論争となるのは、ある意味で当然のことかもしれない。そこには現代リベラリズム内部の明確な係争点がある。しかしながらコーエンのようにマルクス主義を名乗る理論家が、本書のようなリバタリアニズム批判の大著をものするのは、いささか不思議に思われる。なぜなら常識的には、マルクス主義にとって市場原理主義につらなるリバタリアニズムなど、水と油ほどの接点もない、それゆえ議論の余地のない問題外の存在に思われていたからである。

本書には一九七二年から一九九五年の長期にわたるノージック攻略の過程が収録されているが、じじつ初期の論稿はコーエンのスタンスも十分に定まっておらず、議論がうまく噛み合わないため隔靴掻痒の感も否めない。その意味で本書は一貫した体系的書物というよりも、各章における論述の変遷自体がコーエンの規範理論の深化のプロセスを、試行錯誤も含めて忠実に再現するものとなっている。その結果、本書はあらかじめ結論の決まった凡百の書物と異なり、むしろ論理の展開そのものが論点の確定に充てられる絶妙の構成になっているといえよう。しかしまたこのことが、奇抜な思考実験によって概念を限りなく精緻に詰めていく「分析的マルクス主義」の性格とあいまって、著者の主張に対する正確な理解を困難にしているのも事実である。パズルを解くように入り組んだ論脈をたどり、平明な日本語に訳出された翻訳者の苦労に敬意を表したい。

●本書の概要

次に、各章の内容を簡単に紹介しておこう。

まず第一章と第二章では、コーエンはいまだ自己所有権の問題にはふれずに、ロールズ型のリベラルや社会民主主義を擁護する観点から、もっぱらノージックの説く自由が私的所有の保障にすぎない点を批判する。その論理展開は分析的であるが、主張する内容そのものはリベラル左派を踏襲している。

そして第三章において初めて、リバタリアニズムの自由論の根幹が自己所有権テーゼにあることを突きとめ、これ以降は、さまざまな角度からこのテーゼの攻略に入っていく。最初、批判の刃は、ノージックが自己所有権の絶対性から資産の不平等の正当化を導き出す論理に向けられる。すなわちコーエンは、ノージックが人間以外の外的資源は無条件に誰でも入手可能であるという杜撰な想定のもとに、もっぱら自己所有権としての個人的能力の差異性だけを不平等な資産形成の根拠と考えていると批判する。

第四章でコーエンは、先の外的世界の原初的先占にかんするノージックの規則を反駁し、外的資源の集団的所有という平等主義的仮定と自己所有権テーゼとを結合することによって、最終的な条件の平等を実現する可能性をさぐる。しかしながら外的世界の集団所有は、個人が私的生活を自己管理するという自己所有権の目的と両立しえない。このことは、外的資源を初期に平等分割することを主張するいわゆる左翼リバタリアンにも当てはまる。

それゆえ第五章では、コーエンの批判はH・スペンサー、L・ワルラス、H・ジョージ、H・スタイナーといった左翼リバタリアンに向けられる。外的資源を対象とする平等規則は、個人の選好と才能が異なる世界では必ず諸財をめぐる不平等をもたらす。それは諸個人の自律性の犠牲のもとでしか結果の平等を実現しえない。現代において自己所有権と平等の両立を可能にするような生産力の発展がもはや不可能である以上、マルクス主義者は自己所有権そのものの制限に向かわざるを得ないことになる。

第六章は本書の白眉というべき論稿である。この章でコーエンは、先の暫定的結論にもかかわらず、マルクス主義者はむしろ逆に自己所有権を肯定せざるを得ないというのである。なぜならマルクスの搾取理論はリバタリアニズムと同様に自己所有権テーゼを前提にして成立している。労働者が剰余労働を資本家に搾取されているという言説は、暗黙のうちに労働生産物はそれを生産した労働者のものであるという規範的主張を含んでいる。このことは、格差原理による配分を肯定する平等主義リベラルよりも、じつはマルクス主義者の方がリバタリアンと共通の規範理論を有していることを意味する。

ここにいたってようやく、マルクス主義者のコーエンがリベラルへの批判ではなく、なぜ水と油の関係にみえるノージックへの批判に執拗にこだわるのか、その理由が理解できる。すなわちリバタリアニズムに対する批判は、同時に、マルクス主義が自らの存立基盤に根本的な再検討のメスを入れる自己切開の過程でもあったのである。

以下、第七章では、マルクスの労働価値説をロックの労働所有論にまで遡って検討し、第八章では、マルクスの搾取理論における労働価値説（内的資源）と生産手段の所有関係（外的資源）の関連があらためて整理される。こうして第九章で、自己所有権が再帰的概念として整合的であることを認め、第一〇章では、自己所有権テーゼの最終的評価が行なわれる。すなわちマルクス主義は自己所有権テーゼを完全に論駁することはできないが、その説得力を大きく減じることは可能であるというのが、本書のたどり着いた結論である。

●批判的検討と考察

さて、こうしたコーエンの理論は、同じく分析的マルクス主義のスタンスを採用するJ・E・ローマーや左翼リバタリアンが資産所有の不均等な配分の根拠をもっぱら外的資源の初期保有量の差異に求め、いわゆる「階級―搾取の対応原理」を主張するのと非常に対照的である。コーエンは、資本家的搾取に対する批判の根拠を、生産手段の所有関係ではなく、むしろ人間の内的資源としての自己所有権論に求めていった。この点は分析的マルクス主義の理論家のなかでもユニークなものとして評価されてよいだろう。

しかしながら疑問はある。まず第一点は、コーエン自身もある程度認識しているようであるが、各人は自分自身の身体と能力の道徳的に正当な所有者であるという狭義の自己所有権論と、そこから導き出される自分自身の労働の生産物やその市場交換による代価に対する広義の自己所有権テーゼとは、一応厳密に区別されるべき問題だという点である。

前者は今日、医療や性といった生命倫理の分野で自己決定の根拠として流行している人間の「主体」性をめぐる議論であるが、その評価はひとまず保留しておく。さしあたり問われるべきは後者である。

後者にいう広義の自己所有権論のルーツは、疑いもなくロックの『統治二論』にある。ロックはそこで、労働そのものが人間の所有物であることを認めつつも、労働が混合され付加された生産物としての自然は、それが「少なくとも共有物として他人にも十分に、そして同じようにたっぷりと残されている場合に限って」のみ所有の対象になるとする「但し書き」を付けていた。そしてマルクスもまた『ゴータ綱領批判』において、「労働はすべての富の源泉ではない」と強調した。すなわち人間が、あらゆる労働手段と労働対象の源泉である自然をあらかじめ自分に属するものとして取り扱う場合に限ってのみ、労働は諸使用価値の源泉となり富の源泉となるという。このことは、身体の自己所有権論から労働生産物の所有論がストレートに導出されるわけではないことを意味していよう。本書は正当にも、世界資源ないし自然資源のもつ使用価値としての意義に留意している。しかしながら所有論的には、広義の自己所有権テーゼを労働体化的な価値論とほぼ同一視するような論述もみられ、結果的にマルクスのコミュニズムをリカードウ左派的な労働全収権論に接近させているといわざるをえない。

それゆえ第二点として、自己所有権テーゼに依拠した搾取批判のはらむ問題がある。この批判の論法について、『資本論』の蓄積過程で説かれた「自己労働にもとづく所有が他人の不払い労働の領有へと転回する」という領有法則転回論を想起するのも、あながち不当なことではあるまい。もちろんノージックもコーエンも分析的論理にしたがい弁証法的転回論なるものを認めるわけではない。しかし資本主義市場経済による結果の不平等の肯定（ノージック）も、剰余生産物の抽出という不正への非難（コーエン）も、等しく「労働にもとづく所有」としての自己所有権テーゼの直感的説得力に依拠した議論であることに代わりはない。

この点、わが国では、転回論の「自己労働にもとづく所有」をめぐって既に厖大な研究が蓄積されている。もちろん、これについては搾取批判のための方法論的仮定説や歴史的単純商品生産説も存在するが、宇野弘蔵のように、所有は、ゆいいつ流通形態すなわち貨幣による商品の購買の場面で成立するのであり、「自己労働にもとづく」という想定そのものが不必要であるという有力な見解もある。コーエン自身が最終章で認めるように、コミュニズムがもつ明白なメッセージとは、「人が受け取るもの（報酬）は人が与えるもの（貢献）と相関関係にあるのではなく、貢献と報酬とは完全に分離した事柄だ」ということである。だがこれは、じつはコミュニズムの高度の段階に限定されたことではないだろう。むしろ貢献と報酬を、したがって労働と所有を規範的に結びつける自己所有権テーゼの方が、流通が生産を包摂する資本主義市場経済という特異な関係のイデオロギー的表現である。この点を明確にするならば、コーエンは自己所有権テーゼに対して歯切れの悪い批判ではなく、もう少しきっぱりとした論駁が可能だったのではなかろうか。

第三に、以上の点をふまえ、本書について改めて狭義の自己所有権、すなわち自らの身体と能力を所有する人間を前提にして資本主義を分析しようとする方法論的および倫理的個人主義が問い直されねばならないだろう。こうした主体の設定は、必ずしも自己所有権論を採らないJ・E・ローマーやJ・エルスターなどにも当てはまる分析的マルクス主義全体に共通する特徴である。たとえばローマーは、ミクロ経済学的な合理的選択行為を行なうアトム的個人を前提とし、またエルスターは、ゲーム理論によって自己利益を最大化する目的をもった人間の対他戦略を前提とする。このようにコーエンをはじめ分析的マルクス主義が「初期条件」として設定する人間像は、それをロック＝ノージックのように「自然状態」と呼ぼうと、あるいはロールズのように「原初状態」と呼ぼうと、基本的に同一の自由で平等な孤立的個人にすぎない。ア・プリオリな個人から出発し、その合意によって社会を導出しようとする方法は、社会契約説を形式論理的にソフィスティケートした現代版自然法思想である。

思えばマルクスは、あくまでも人間を社会的諸関係のアンサンブルとして扱い、経済的諸関係が「人格」として実体的に錯認され転倒される過程を物神性論として解明していた。そうであるならば、自己所有権といったイデオロギーから資本主義の批判を行なうのではなく、逆に資本主義という社会関係の総体が「自己所有権」という主体のイデオロギーを構成し正当化していくプロセスの探求こそが、マルクス理論の本領ではなかろうか。それによってこそマルクスの規範理論は、リベラリズム的な自由・平等の徹底ではなく、むしろそうした倫理的個人主義を克服し、新たな共同性を創出するトゥールになりうると思うのである。

（季刊経済理論 第四二巻三号 二〇〇五年 桜井書店 所収）

あとがき

本書は、その大半を新たに書き下ろしたものであるが、問題意識としては前著『コミュニタリアニズムへ――家族・私的所有・国家の社会哲学』社会評論社、二〇〇二年 の第一章「コミュニズムからコミュニタリアニズムへ」をふまえ、これを発展させたものである。そのため、部分的に同書と重複した論述があることをお断りしておきたい。けれども、前著よりもできるだけ平易な解説的記述を増やし、とくに現代コミュニタリアニズムの理論家についてそれぞれの特徴とマルクスとの関連がよく理解できるように配慮してある。また、新たな論点をふんだんに盛り込み、前著とはまったく独立した書物として仕上げたつもりなので、併せてお読みいただければ幸甚である。

なお本書には、前著を公刊して以降に発表した以下の論文が利用してある。しかし、大幅に加筆し論述の順序も大きく変わっているので、実質的にまったく別のものとなっている。

＊ 「コミュニタリアニズムとしての宇野理論」経済理論学会編『季刊 経済理論』第四一巻第四号、桜井書店、二〇〇五年。

＊「マルクス理論のコミュニタリアニズム的再生」『季報 唯物論研究』第九二号、二〇〇五年。
＊「資本主義批判――その批判スタンスの転換」降旗節雄編『市場経済と共同体』社会評論社、二〇〇六年。
＊「いま左翼・リベラルに資本主義の批判は可能か？」『アソシエ21ニューズレターNo.92』二〇〇六年九月号。

本書の「附論」は、前著やその他の論文について寄せられた批判に対して反批判のかたちで公表した論説である。本文といくらか重なる記述も見られるが、論争論文という性格に鑑み、いっさい手を加えずそのまま本書に収録した。論文を転載することを承諾していただいた新田滋氏をはじめ、そこに名前を挙げさせていただいた関係各氏には、非礼をお詫びするとともに篤くお礼を申し上げる。これらの初出を以下に記しておく。

＊「コミュニズムからの批判に答える」（原題「『労働にもとづく所有』は将来社会の理念たりうるか？」）マルクス主義同志会機関紙『海つばめ』第九七七号、全国社研社、二〇〇五年二月二七日。
＊「マルクスはアソシエーショニストか？」『アソシエ21ニューズレターNo.53』二〇〇三年九月号。
＊「日本資本主義とコミュニタリアニズム」（新田滋氏執筆）『同No.54』二〇〇三年一〇月号。

＊「アソシエーショニズムとコミュニタリアニズム――新田滋氏の批判に答える」『同No.57』二〇〇三年一二月号。
＊「松井暁氏による『コミュニタリアニズムへ』への批判に答える」（原題「リプライ」）『経済理論学会年報』第四〇号、青木書店、二〇〇三年。
＊「G・A・コーエン『自己所有権・自由・平等』を評す」（原題「書評『自己所有権・自由・平等』」）経済理論学会編『季刊 経済理論』第四二巻第三号、桜井書店、二〇〇五年。

本書の公刊に際しても、前著と同様に社会評論社の松田健二社長、担当の新孝一氏には企画からさまざまなアドヴァイスまでひとかたならぬご高配を賜った。衷心よりお礼を申し上げる次第である。本書が、松田社長の求めるような一部の研究者だけではなく広範な一般読書人が興味をもてる作品に仕上がっているかどうかは甚だ心許ないが、多くの読者の手元に届くことを祈念してあとがきに代えたい。

二〇〇七年一一月一二日

青木孝平

人名索引

ま行

青木孝平（あおき・こうへい）

1953年　三重県津市に生まれる
1975年　早稲田大学法学部卒業
1984年　早稲田大学大学院法学研究科博士課程単位取得
1994年　経済学博士（東北大学）
現在　鈴鹿医療科学大学教授
経済理論・法思想・社会哲学の相関理論研究

著書『資本論と法原理』論創社, 1984年
『ポスト・マルクスの所有理論』社会評論社, 1992年
『コミュニタリアニズムへ』社会評論社, 2002年
編著『天皇制国家の透視』社会評論社, 1990年
共著『法社会学研究』三嶺書房, 1985年
『クリティーク経済学論争』社会評論社, 1990年
『現代法社会学の諸問題』民事法研究会, 1992年
『法学――人権・くらし・平和』敬文堂, 1993年
『ぼくたちの犯罪論』白順社, 1993年
『マルクス主義改造講座』社会評論社, 1995年
『社会と法――法社会学への接近』法律文化社, 1995年
『エンゲルスと現代』御茶の水書房, 1995年
『マルクス・カテゴリー事典』青木書店, 1998年
『マルクス理論の再構築』社会評論社, 2000年
『新マルクス学事典』弘文堂, 2000年
『市場経済と共同体』社会評論社, 2006年

コミュニタリアン・マルクス――資本主義批判の方向転換

2008年2月25日　初版第1刷発行
著　者＊青木孝平
発行人＊松田健二
発行所＊株式会社社会評論社
東京都文京区本郷2-3-10
tel.03-3814-3861/fax.03-3818-2808
http://www.shahyo.com/
印　刷＊瞬報社写真印刷株式会社
製　本＊東和製本

Printed in Japan